TEXTOS
DE
FILOSOFIA
DO DIREITO

II VOLUME

Na Capa: "Aristóteles", de Rafael, grav. Paolo Fidanza (Séc. XVIII)

TEXTOS
DE
FILOSOFIA
DO DIREITO

II VOLUME

SELECÇÃO, TRADUÇÃO E NOTAS

DE

PEDRO SOARES MARTÍNEZ

Professor da Faculdade de Direito de Lisboa
e da Universidade Católica

LIVRARIA ALMEDINA
COIMBRA — 1995

TÍTULO:	TEXTOS DE FILOSOFIA DO DIREITO
AUTOR:	PEDRO SOARES MARTÍNEZ
EDITOR:	LIVRARIA ALMEDINA – COIMBRA
DISTRIBUIDORES:	LIVRARIA ALMEDINA ARCO DE ALMEDINA, 15 TELEF. (039) 26980 FAX (039) 22507 3000 COIMBRA – PORTUGAL LIVRARIA ALMEDINA – PORTO R. DE CEUTA, 79 TELEF. (02) 319783 4050 PORTO – PORTUGAL EDIÇÕES GLOBO, LDA. R. S. FILIPE NERY, 37-A (AO RATO) TELEF. (01) 3857619 1250 LISBOA – PORTUGAL
EXECUÇÃO GRÁFICA:	G.C. – GRÁFICA DE COIMBRA, LDA.
TIRAGEM:	1 500 EX.
DEPÓSITO LEGAL:	86 814/95

ÍNDICE

Homero 7
Marco Túlio Cícero (continuação) 10
Tito Lucrécio.. 12
São Paulo 13
Epicteto 15
Santo Isidoro de Sevilha.. 17
Concílios Visigóticos... 19
"Forum Iudicum"... 21
Partidas de Afonso X, o Sábio... 23
Ramon Lull 25
Marsílio de Pádua 27
Álvaro Pais... 29
Guilherme de Ockham.. 31
Bula "Unam Sanctam"... 33
Erasmo 34
Thomas More.. 36
D. Sancho de Noronha.. 40
Damião de Góis 42
Frei Luís de Granada 44
Luís de Molina.. 46
Diego Saavedra Faxardo... 48
Iohann Heinrich Alsted... 54
Ioseph Lange.. 55
António de Sousa de Macedo 56
D. Francisco Manoel de Mello 58
Algernon Sidney 62
Jean Domat 64
Jacques-Bénigue Bossuet (continuação).. 65
Giambattista Vico 69
José Gomes da Cruz 71
Voltaire (continuação) 73

Textos de Filosofia do Direito

David Hume ... 75
Adam Smith ... 77
Jeremias Bentham (continuação) ... 79
Joseph de Maistre (continuação) ... 81
Claude Emmanuel Pastoret ... 83
Silvestre Pinheiro Ferreira ... 85
François Guizot ... 87
Arthur Schopenauer ... 90
José da Gama e Castro ... 94
João Baptista da Silva Leitão de Almeida Garrett ... 95
Frédéric Le Play ... 98
Juan Francisco Donoso Cortés ... 100
Alexandre Herculano de Carvalho Araújo ... 101
Joseph Arthur de Gobineau ... 103
Rudolf Von Ihering (continuação) ... 106
Numa Denis Fustel de Coulanges ... 107
Friedrich Nietzsche ... 109
James George Frazer ... 113
Sigmund Freud ... 115
Henri Capitant ... 118
Fernando Pessoa ... 119

Homero. *A um poeta cego deste nome, que terá, admissivelmente, nascido em Esmirna, admissivelmente também 900 anos antes de Cristo, se atribuem, entre outras obras, dois célebres poemas épicos, a* Ilíada *e a* Odisseia. *No primeiro é cantada a guerra de Tróia (cidade também designada por Ílion) ; no segundo, as provações de um dos heróis regressados daquela guerra, Ulisses, até alcançar a sua Pátria, Ítaca, onde o esperava a sua fiel mulher, Penélope, e seu filho, Telémaco. A extraordinária riqueza cultural dos referidos poemas permite que, através deles, se descortinem aspectos respeitantes às instituições sociais e aos conceitos de direito e de justiça dos gregos e dos troianos. São numerosas as traduções e as edições dos referidos poemas, cujos textos, possivelmente, terão sido escritos por ordem de Pisístrato, tirano de Atenas, na base de tradições transmitidas oralmente, durante séculos.*

"Chrises viera aos navios gregos para libertar a filha, trazendo um resgate imenso... Todos os gregos aprovaram a ideia de respeitar o sacerdote e aceitar o resgate excepto Agamémnon... A recusa deste excitou a cólera de Apolo ...que lançou a peste sobre os gregos. Agamémnon acabou por consentir em entregar a filha de Chrises" (*Ilíada*; Canto I).

"(Respondendo a Príamo, disse-lhe Helena:) — Respeito-te e temo-te, meu querido sogro. Porque não terei eu preferido a morte cruel quando segui o teu filho (Páris), deixando a minha casa, a minha família, a minha filha ainda tão pequena... Agora desfaço-me em lágrimas" (*Ilíada*, Canto III).

"Menelau... (batendo-se em duelo com Páris, que lhe raptara a mulher, Helena, suplicou, dirigindo-se a Zeus, pai dos deuses): — Zeus, meu pai, permite-me que castigue aquele que me fez mal,

Textos de Filosofia do Direito

o divino Alexandre (Páris). Domina-o, Senhor, pela minha mão, a fim que todos receiem, mesmo os das gerações futuras, de fazer mal a quem lhes dê hospitalidade, recebendo-os como amigos" (*Ilíada*, Canto III).

"(Tendo escapado à morte em combate, por intercessão de Afrodite, Páris reuniu-se de novo a Helena, que o increpou:) — Como voltaste do combate!? Como não pereceste, dominado por um homem robusto como o meu primeiro marido? ...Nenhum dos troianos teria deixado de entregar Alexandre (Páris) à fúria de Menelau, porque todos o detestavam, se o tivessem encontrado (o que não aconteceu). Então, Agamémnon, rei dos guerreiros gregos, proclamou: — Escutem-me, Troianos! A vitória coube, sem dúvida, a Menelau. Entregai, pois, Helena e os seus bens, e pagai-nos ainda um preço justo, que seja recordado pela gente vindoura" (*Ilíada*, Canto III).

"Não é coisa vã o juramento... Mesmo quando o Olimpo não sanciona imediatamente os juramentos, sanciona-os mais tarde, e os faltosos pagam caros os seus erros, pela própria vida, pela das mulheres, pela dos filhos" (*Ilíada*, Canto IV).

"O rei Proitos... tendo-lhe a mulher dito, faltando à verdade, que Belerofonte quisera violá-la... não quis matá-lo, por escrúpulo religioso" (*Ilíada*, Canto VI).

"Diomedes e Glauco... (descobrindo) que os pais tinham sido hóspedes, visitas, um do outro, negaram-se a combater, no meio da batalha, e trocaram as suas armas, entendendo, um e outro, que tinham muitos troianos e muitos gregos para matar, ou para os matarem... Assim se apearam dos seus carros, apertaram as mãos e juraram fidelidade" (*Ilíada*, Canto VI).

"Encontraram o glorioso Menelau no seu palácio, onde oferecia aos numerosos parentes o banquete de núpcias do seu filho e da sua virtuosa filha... Esta casada com o filho de Aquiles... Para o filho, que acabava de atingir a adolescência, tinha escolhido, em Esparta, a filha de Alector. Este filho era Megapenthes, nascido de uma escrava. Os deuses tinham negado a Helena a esperança de uma descendência, desde que dera à luz aquela filha encantadora, que tinha a beleza de Afrodite" (*Odisseia*, Canto IV).

"Enviei os meus companheiros ao palácio de Circe, para trazerem o corpo sem vida de Elpenor. Tendo cortado ramos de árvore, no lugar mais alto do cabo, pegámos-lhes fogo, desgostosos e derramando lágrimas sentidas. Quando o cadáver ficou consumido, juntamente com as armas do morto, elevou-se-lhe um montículo e, no alto da sepultura, plantámos um ramo... Observámos todos os ritos" (*Odisseia*, Canto XII).

"Disse o guardador de porcos (a Ulisses, que não reconheceu): — Estrangeiro, não tenho o direito, mesmo que se tratasse de alguém mais miserável do que tu, de faltar ao respeito devido a um hóspede. São todos enviados por Zeus, estrangeiros e mendigos. E o nosso óbulo dá-lhes satisfação, por pequeno que seja. E o que podem fazer os servos, que sempre têem a temer, quando quem governa são patrões novos. Ah! Aquele amo a quem os deuses impediram o regresso, esse havia de estimar-me com solicitude. Ter-me-ia dado uma casa, terras, uma mulher sedutora, como um senhor de bom coração faz ao seu servo que muito sofreu por ele" (*Odisseia*, Canto XIV).

"O intrépido Menelau observou: — ...Censuro igualmente o que, recebendo um estrangeiro, o agasalha com excessivas atenções e o que lhe manifesta marcada antipatia. A justa medida é sempre o melhor... Deve-se tratar bem o hóspede, enquanto presente, e reconduzi-lo, quando ele o deseja" (*Odisseia*, Canto XV).

Marco Túlio Cicero — *Continuação dos Textos do I Volume, pp. 32-36*

"A natureza essencial do comando consiste, portanto, como estais vendo, em dirigir e prescrever acções justas, vantajosas e em conformidade com as leis. Porquanto, assim como as leis mandam nos magistrados os magistrados comandam no povo, podendo dizer-se com verdade que o magistrado é a lei falada, enquanto a lei é um magistrado silencioso. Nada há tão ajustado ao direito e à ordem da natureza, ou seja, à lei, do que o poder de comando. Sem ele, nem uma casa, nem uma cidade, nem um povo, se podem conservar, nem a raça humana no seu conjunto..." (*De Legibus*, Livro III, I).

"Todas as nações antigas obedeceram a reis. E esta autoridade começou por ser concedida aos homens mais justos e mais sábios e prudentes... depois passou, por sucessão, aos seus descendentes... Quanto àqueles que não quiseram manter o poder real, não decidiram, de modo algum, deixar de obedecer fôsse a quem fôsse, decidiram, isso sim, não obedecer sempre a um único e mesmo homem" (*Ibidem*, II).

"É preciso que haja magistrados, sem o saber e a actividade dos quais uma cidade não pode existir. E é da forma pela qual eles se acham organizados que depende todo o regime do Estado. Não bastará prescrever a esses magistrados a forma por que hão-de exercer o seu comando, é preciso também prescrever aos cidadãos as regras da obediência. Para que bem se exerça o comando é necessário já ter obedecido, e aquele que obedece com disciplina leva a crer que um dia será digno de comandar também" (*Ibidem*).

"Não se recebam nem se deem presentes por um cargo que se solicita, que se desempenha ou que se desempenhou. Quem tenha

Marco Túlio Cicero

transgredido tal preceito, sofra uma pena igual ao delito. Que os censores preservem a autenticidade das leis. Que os particulares lhes prestem contas dos seus actos, sem por isso se acharem desligados da lei" (*Ibidem*, III).

"Foi posta a questão de saber se haveria na cidade um magistrado único, ao qual todos os outros obedecessem, solução que teria agradado aos nossos antepassados, depois da expulsão dos reis. Mas como o poder real, antes julgado favoravelmente, fora rejeitado, não tanto pelos defeitos da realeza mas pelos de um rei, não se teria, ao que parece, rejeitado senão o nome de rei, tudo o mais permanecendo, se um chefe único comandasse os outros magistrados. Daí que... se tenham oposto os tribunos aos cônsules. Porque o cônsul tem o direito perfeitamente estabelecido de submeter todos os outros magistrados, com excepção do tribuno" (*Ibidem*, VII).

"Tudo o que se debate diante do povo ou diante dos senadores deve sê-lo com moderação, quer dizer, com disciplina e com calma... Nunca se justifica um longo discurso — coisa que se usa quase sempre para valorizar o orador — com raras excepções... A regra mais importante quanto à condução dos debates diante do povo é a de que nunca se use de violência. Com efeito, nada há de mais funesto para a vida das cidades, nada de mais oposto ao direito e à legalidade, nada de menos conforme aos bons costumes sociais e à humanidade do que praticar qualquer coisa com violência numa sociedade regularmente constituída" (*Ibidem*, XVIII).

Tito Lucrécio *(99 a.C. ? - 55 a.C. ?). Pouco se sabe acerca deste poeta latino, admitindo-se, na base de Suetónio e de São Jerónimo, que tenha ensandecido, por efeito de um filtro mágico, acabando por suicidar-se, aos 44 anos de idade. A sua obra "De rerum naturae" teria sido escrita durante alguns intervalos de lucidez. Trata-se de um epicurista, cuja citada obra, de ciência universal e céptica, se acha traduzida em diversas línguas e numerosas edições, algumas portuguesas, do século passado.*

"(Os primeiros homens), incapazes de imaginar um bem comum, não tinham nem costumes nem leis para regerem as suas relações... Depois, quando aprenderam a servir-se de cabanas, de peles de animais e do fogo, quando a mulher, pelos laços do casamento, se tornou a propriedade de um só... quando os filhos, pelas suas carícias, conseguiram amolecer a natureza feroz dos pais, também a amizade começou a estabelecer laços entre os vizinhos... e boa parte, uma grande parte, dos homens passou a observar piedosamente os tratados. De outro modo, o género humano teria desaparecido... Os reis começaram a fundar cidades... e distribuiram os rebanhos e as terras segundo a beleza, a força e as qualidades de espírito de cada um... Depois do assassinato dos reis, as coisas chegaram a um grau extremo de decomposição e de perturbações, cada um procurando apoderar-se, em seu proveito, do poder e da categoria suprema. Então uma aristocracia ensinou os outros a criar magistrados e a fundar os princípios do direito para levá-los a fazerem uso das leis. Porque o género humano, cansado de viver na violência, esgotado pelas inimizades privadas, submeteu-se de boa vontade às leis e à justiça estrita" (*De rerum naturae*, Livro V).

São Paulo, *apóstolo, natural de Tarso, na Ásia Menor, grande perseguidor dos cristãos, acabou por encontrar a sua "estrada de Damasco", por onde seguia, ido de Jerusalém, com destino a novas perseguições, quando Cristo lhe apareceu, perguntando-lhe porque o perseguia. A visão prostrou por terra o perseguidor, que, por algum tempo, ficou privado da visão do corpo, enquanto se lhe apurava a visão do espírito. Converteu-se, tornando-se, a partir de então, o mais fiel discípulo de Cristo. A aparição da estrada de Damasco terá tido lugar entre 34 e 36. S. Paulo sofreu o martírio, perto de Roma, possivelmente no ano de 67, julgando-se que tenha sido decapitado.*

"Não são justos os que ouvem a lei, mas os que a cumprem como tais serão reconhecidos. Assim, quando os gentios, que não têm lei, levados pela natureza, observam os preceitos da lei, sem a terem, a si mesmos servem de lei, mostrando ter escrita nos seus corações a obra da lei. Assim o atestam a sua mesma consciência e os seus mesmos pensamentos, que umas vezes os acusam e outras os defendem" (*Epístola aos Romanos*, II).

"Todos os homens fiquem sujeitos às autoridades constituídas, porque não há autoridade que não venha de Deus e as que existem foram por Deus ordenadas. Assim, quem resiste à autoridade opõe-se à ordem estabelecida por Deus e os que lhe resistem a si próprios se condenam. Porque os príncipes não são de temer quando se procede bem, mas sim quando se procede mal. Queres não ter de recear a autoridade? Procede bem, e dela mesma receberás elogio. Porque o príncipe é ministro de Deus para o bem. Mas se procederes mal, teme, pois não é em vão que ele traz a espada. Porque é ministro de Deus, vingador, em castigo, para aquele que procede

Textos de Filosofia do Direito

mal. Pelo que é preciso submeter-se, não apenas para evitar o castigo, mas por dever de consciência. E, por isso também, pagais os tributos, que são funcionários de Deus, assiduamente ocupados nisso. Pagai a todos o que lhes é devido. A quem seja devida a contribuição, a contribuição, a quem seja devido o imposto, o imposto, a quem seja devido o respeito, o respeito, a quem seja devida a honra, a honra" (*Epístola aos Romanos*, XIII).

Epicteto *(50 ? - 138 ?). Os "discursos", ou "propósitos", assim como o "Manual de Epicteto", correspondem a um escrito de Flavius Arrianus em que este pretendeu reproduzir fielmente os termos dos ensinamentos orais de Epicteto, que terá sido escravo em Roma, depois liberto, e que, fiel à filosofia estoica, ocupa lugar preeminente na história do pensamento dos dois primeiros séculos da nossa era.*

"É livre aquele que vive à sua vontade e ninguém pode constranger" (*Discursos*, Livro IV, Cap. I)

"— Quem me poderá constranger, a não ser o senhor universal, César?

— Acabas de reconhecer que tens um senhor... embora senhor comum de todos, o que significa que és escravo numa grande casa... Mas deixemos César, de momento. Responde a esta pergunta: — Nunca te apaixonaste por ninguém, rapariga ou rapaz, escravo ou livre?... Nunca recebeste da tua amante ordens para fazer coisas que não quererias? Nunca lisongeaste a tua jovem escrava? Nunca lhe beijaste os pés? No entanto, se te forçarem a beijar os pés de César, verás nisso uma violência e o cúmulo da tirania... O homem que não se acha submetido a nenhuma limitação é livre... Aquele que é possível travar, constranger, limitar, pondo-lhe obstáculos, aquele a quem é possível criar dificuldades, esse é escravo. E qual será o homem livre de toda e qualquer limitação? Apenas aquele que não deseja nada que lhe seja estranho. E que coisas nos são estranhas? Aquelas que não depende de nós adquirir ou não adquirir... Se, por conseguinte, tu te ligares a qualquer dessas coisas como a um objecto pessoal, receberás o castigo merecido por quem deseja coisas que lhe são estranhas... Tal é o caminho que

Textos de Filosofia do Direito

conduz à liberdade, o único que subtrai à servidão... Diógenes era livre... Porque podia privar-se sem pena de tudo quanto possuía de exterior... a sua fortuna, o seu corpo... os seus parentes, os seus amigos, a sua pátria" (*Ibidem*).

Santo Isidoro de Sevilha, *ou "Isidorus Hispalensis" (560 ? - 636), doutor da Igreja, enciclopedista, teólogo e historiador, sucedeu ao irmão, São Leandro, na Sé Arquiepiscopal de Sevilha, e presidiu ao IV Concílio de Toledo. Entre as suas obras contam-se "Etymologiae", de carácter enciclopédico, "De natura rerum", "Chronica maiora", "Historia Gothorum, Vandalarum et Sueborum", "Quaestiones in Vetus Testamentum" e "De fide catholica contra Iudaeos". O número de manuscritos que ainda se conhecem das "Etymologiae" aproxima-se do milhar, o que dá ideia da grande expansão da obra de Santo Isidoro de Sevilha. Há edições recentes dos seus escritos no original latino, assim como traduções, designadamente em castelhano.*

"Retórica é a ciência de bem expor nos assuntos civis, para persuadir do bom e do justo pelo uso da eloquência" (*Etymologiae*, Livro II, Cap. I).

"A dialéctica é a disciplina ordenada para o conhecimento das causas das coisas. É uma parte da filosofia que se chama lógica, isto é, racional, e orienta-se para definir, investigar e diferenciar. Ensina, pois, em relação a muitas classes de questões e como, pela discussão, se hão-de discernir as coisas verdadeiras das falsas" (*Ibidem*, Cap. XXII).

"Tópica é a disciplina que ensina a encontrar argumentos. A divisão dos tópicos, ou seja, dos lugares donde se extraem os argumentos, é tripla, pois uns argumentos se tomam da própria coisa de que se trata, outros, que se designam por *afectos*, são tirados de outras coisas da mesma ordem, e outros ainda são tirados *ab extrinseco*" (*Ibidem*, Cap. XXX).

"As leis ou são divinas ou são humanas. As divinas fundam-se na própria natureza, e as humanas nos costumes dos homens. Daí

Textos de Filosofia do Direito

que, entre estas últimas, haja discrepâncias, por serem diversos os gostos e os costumes dos povos" (*Ibidem*, Livro V, Cap. II).

"O costume é certo direito estabelecido pela prática e que se toma como lei, quando esta falta... Se a lei se funda na razão, será lei tudo aquilo que, fundado na razão, esteja em conformidade com a religião, seja conveniente para a disciplina e proveitoso para a salvação" (*Ibidem*, Cap. III).

"O direito pode ser natural, civil ou das gentes. Direito natural é o comum a todos os povos e existe em todos os lugares, não por lei ou estabelecimento, mas pela força da natureza: como a união do homem e da mulher, a aceitação e a educação dos filhos, a mesma liberdade para todos, a posse comum de todas as coisas, e o direito de adquirir tudo o que existe no céu, na terra e no mar. Também é de direito natural a restituição do que tenha sido emprestado ou das coisas depositadas, a contraposição da força à violência, porquanto tais coisas nunca são injustas, mas sim naturais e de equidade" (*Ibidem*, Cap. IV).

"Direito civil é o que cada povo, ou cada cidade, estabeleceu para si próprio, com fundamento em causa divina ou em causa humana" (*Ibidem*, Cap. V).

"Direito das gentes é a ocupação de lugares, a edificação, a fortificação, as guerras, a captura de prisioneiros, as servidões, as restituições, os tratados de paz, as tréguas, o respeito dos embaixadores, a proibição de casamento entre estrangeiros. E trata-se de direito das gentes porque todos os povos o usam" (*Ibidem*, Cap. VI).

"É de direito militar a declaração de guerra, a celebração de tratados, o ataque ao inimigo com precedência de aviso, a entrada em batalha, e também o castigo dos militares que desertam, o pagamento de soldadas, a atribuição de graus de dignidade e honra aos vencedores... assim como a fixação das presas e a sua justa repartição, segundo as contribuições e a qualidade das pessoas, sem excluir a parte do príncipe" (*Ibidem*, Cap. VII).

"A lei deve ser honesta, justa, viável, conforme à natureza e aos costumes da Pátria, conveniente em relação ao tempo e ao lugar, necessária, útil, clara, para que não induza em erro pela sua obscuridade, e deve visar não o interesse privado mas a utilidade comum dos cidadãos" (*Ibidem*, Cap. XXI).

Concílios Visigóticos

"Muitas vezes os príncipes cometem aos bispos o julgamento de réus de lesa majestade. Mas como os bispos foram eleitos por Cristo para o ministério de salvação, somente admitirão que os reis os nomeem juízes quando se prometa, sob juramento, o perdão da pena capital, e não quando se elabora uma sentença de morte" (IV Concílio de Toledo, celebrado em 633, XXXI).

"Que ninguém entre nós arrebate atrevidamente o trono. Que ninguém excite as discórdias civis entre os cidadãos. Que ninguém conspire para a morte dos reis, mas que, tendo morrido o rei em paz, a nobreza de toda a nação, juntamente com os bispos, designem, por acordo comum, o sucessor do reino, para que se mantenha entre nós a concórdia da unidade, não se originando qualquer divisão da pátria e do povo, em consequência das violências e da ambição" (*Ibidem*, LXXV).

"E a ti também, nosso rei actual, e aos futuros reis dos tempos que virão, vos pedimos, com a devida humildade, que, mostrando--vos moderados e pacíficos em relação aos vossos súbditos, governeis os povos que vos foram confiados por Deus com justiça e piedade, correspondendo devidamente à bondade de Cristo, que vos elegeu, reinando com humildade de coração e com empenho pelas boas obras. E nenhum de vós dará sentença como juiz único nas causas capitais e nas civis, sem que fique provada, em juízo público, a culpa dos delinquentes... E acerca dos futuros reis promulgamos a seguinte regra: se algum deles, contra a reverência devida às leis, exercer sobre o povo um poder despótico, com autoridade, soberba e arrogância, cometendo crimes ou manifestando avidez, seja condenado por sentença de anátema, por Cristo Nosso Senhor,

Textos de Filosofia do Direito

e seja afastado e julgado por Deus, porque se atreveu a agir maleficamente, levando o reino à ruína" (*Ibidem*, LXXV).

"É justo que a vida dos inocentes não seja manchada pela malícia dos acusadores e, por isso, ninguém que seja acusado por outro será entregue ao suplício até que o acusador se apresente e se examinem as normas das leis e dos cânones. E se se provar que se trata de pessoa incapaz de acusar, não se admitirá a acusação, excepto quando o crime seja de lesa majestade" (VI Concílio de Toledo, celebrado em 638, XI).

"De agora em diante, pois, de tal modo serão designados os reis, ou seja na cidade real ou no lugar onde o rei tenha morrido, serão eleitos pelo voto dos bispos e dos mais notáveis do palácio, e não de fora, por conspiração de poucos ou por tumulto sedicioso de multidões ignaras. Serão seguidores da fé católica, defendendo-a da perfídia dos judeus e dos insultos de todas as heresias. Serão moderados nos seus actos, nos seus juízos e na sua vida. Na apropriação de bens serão antes parcos do que largos, de tal modo que com nenhuma violência, ou alteração de escritos, ou de quaisquer outros actos, exijam dos seus súbditos, ou pretendam exigir, alguma obrigação. Nas ofertas que lhes sejam feitas, como dádivas de agradecimento, não olhem à sua própria utilidade, mas tenham em conta, sobretudo, os interesses da pátria e da comunidade... A presente lei será válida... e permanecerá imutável perpetuamente; e ninguém ascenderá ao trono real antes de ter jurado que a cumprirá integralmente" (VIII Concílio de Toledo, celebrado em 653, X).

"Forum Iudicum", ou "Fuero Juzgo" (Leis Visigóticas)

"Os reis são ditos reis porque reinam... Portanto, fazendo direito o rei, deve ter nome de rei, e fazendo torto perde o nome de rei. Daí o provérbio dos antigos : serás rei se fizeres direito, se não o fizeres não serás" (I, 2).

"Quando o rei morre, nenhum deve tomar o reino, nem fazer--se rei, se não for homem da linhagem dos godos, filho de algo e nobre, digno de costumes, e com o consentimento dos bispos, dos godos maiores e de todo o povo. Assim, enquanto formos todos de um só coração, uma só vontade e uma só fé, a paz será entre nós e a justiça no reino, e poderemos alcançar a companhia dos anjos" (I, 8).

"O fazedor das leis deve falar pouco e bem, não dar juízo duvidoso, mas amplo e aberto, que tudo o que saia da lei o entendam logo todos" (I, I, 6).

"A lei governa a cidade, e governa a todos na sua vida, e assim é dada tanto aos varões como às mulheres, aos grandes como aos pequenos, aos sábios como aos não sábios, aos nobres como aos plebeus... e reluz como o Sol defendendo a todos" (I, II, 3).

"A lei foi feita para que a maldade dos homens fôsse refreada, por medo dela, e que os bons vivessem com segurança entre os maus e que os maus fôssem castigados pela lei e deixassem de fazer mal por medo das penas" (I, II, 5).

"E porque queremos guardar os comandos de Deus, damos leis também para nós, e a que fiquemos submetidos, e a que obedeçamos, nós e todos os reis que vierem depois de nós, e todo o povo que seja geralmente do nosso reino. E que nenhuma pessoa, por poderosa que seja, ou por dignidade, ou por ordem, se excuse de guardar as leis" (II, I, 2).

Textos de Filosofia do Direito

"Que nenhum se permita fazer mal por dizer que não sabe as leis, nem o direito" (II, I, 3).

"É nosso cuidado advertir os juízes no sentido de que não prolonguem muito os pleitos, a fim de que as partes não resultem demasiado agravadas. E se o juiz prolongar o pleito por maldade, ou por engano, ou para fazer mal a alguma das partes, ou a ambas, quanto dano tiverem as partes... o juiz o deve entregar todo do seu" (II, I, 20).

"Todos os pecados deverão seguir aqueles que os fizeram. Assim, que o pai não seja castigado pelo filho, nem o filho pelo pai, nem a mulher pelo marido, nem o marido pela mulher, nem o irmão pelo irmão, nem o vizinho pelo vizinho, nem o parente pelo parente, mas que só seja castigado o que tenha praticado o pecado e que o pecado morra com ele, e nem os filhos nem os herdeiros sejam responsabilizados por isso" (VI, I, 8).

"Nenhuma coisa é pior do que os pais não terem piedade e matarem os filhos... Por isso estabelecemos que se alguma mulher, livre ou serva, matar o seu filho, depois de nascido, ou antes que seja nascido, tomar ervas para abortar, ou de alguma forma o afogar, o juiz da terra, logo que tal souber, a condene à morte... E se o marido o tiver mandado fazer, outra tal pena deverá ser-lhe aplicada" (VI, III, 7).

"Nenhum homem recuse, nem ouse recusar, "maravedi" inteiro, por qualquer forma que seja, salvo sendo falso, nem demande nada por isso, ainda que pese menos" (VII, VI, 5).

"Todo o homem que prenda fogo a casa alheia, em cidade ou fora dela, prenda-o o juiz e faça-o queimar" (VIII, III, 1).

"Se algum homem prender fogo a campo alheio, ou árvores, seja qual for a maneira, prenda-o o juiz e faça dar-lhe cem açoites" (VIII, III, 2).

Partidas de Afonso X, o Sábio — *Do século XIII, esta compilação de leis transcende em muito os textos normativos, definindo conceitos e procurando explicar a razão de soluções legais.*

"As leis são estabelecimentos pelos quais os homens saibam viver bem e ordenadamente, segundo o prazer de Deus e outrossim segundo convem à boa vida deste mundo" (1.ª Partida, Tomo I, ed. Braga, 1980, p. 15).

"As virtudes das leis são de sete maneiras. A primeira está em crer, a segunda em ordenar, a terceira em mandar, a quarta em ajuntar, a quinta em galardoar, a sexta em vedar, a sétima em escarmentar" (*Ibidem*, p. 17).

"Tomadas foram as leis deste livro de duas coisas. A uma das palavras dos santos, que falaram espiritualmente o que convinha à bondade do corpo e ao salvamento da alma. A outra dos ditos dos sábios que mostram as coisas naturalmente que é para ordenar os feitos do mundo como se façam bem e com razão. E o ajuntamento destas duas maneiras de leis há tão grande virtude que aduz em cumprido ajuntamento ao corpo e à alma do homem" (*Ibidem*, p. 17).

"Cumpridas devem ser as leis e muito conteúdas e muito cuidadas de catadas de guisa que sejam feitas com razão e sobre coisa que possa ser segundo natura e as palavras delas que sejam boas e chãs e declaradas de maneira que todo o homem as possa bem entender em a memória" (*Ibidem*, p. 18).

"O fazedor das leis deve amar a Deus e tê-lo ante os seus olhos quando as fizer, por tal que sejam direitas e cumpridas. E outrossim deve amar a justiça e a prol comunal de todos e ser entendido para saber bem departir o direito do torto... Imperador ou rei pode fazer as leis sobre a gente do seu senhorio e nenhum outro as poderá fazer em o temporal, salvo se o fizer por outorgamento deles... Saber as leis não é tão somente aprender e decorar as letras delas mas saber o seu verdadeiro entendimento... Sendo duvidosas as leis por erro do escrivão ou da escritura, ou por mau entendimento do que as lesse, porque houvesse mister de serem bem declaradas e feitas e entender a verdade delas, isto não pode ser feito senão por aquele que as fez ou por outro que seja em seu lugar que haja poder para as fazer de novo... Todos aqueles que são do senhorio do fazedor das leis... são teúdos de lhes obedecer e de as guardar" (*Ibidem*, pp. 20-21).

"Desatadas e desfeitas não devem ser as leis por nenhuma maneira, salvo se elas fôssem tais em si que desatassem ou desfizessem o bem que devem fazer. E isto seria como se lhe houvesse em elas alguma coisa que desatasse a lei de Deus, ou contra o direito do senhorio, ou contra grande prol comunal da terra, ou contra bondade conhecida. E porque o fazer é mui grave coisa e o desfazer ligeira, por isso o desfazamento das leis, e tolhe-las de todo que não valham, não se deve fazer senão com grande conselho de todos os homens bons da terra, os mais honrados e mais sabedores, razoando antes, primeiramente, muito os males que ai acharem, por que se devam tolher, e outrossim os bens que aí são e que podem ser" (*Ibidem*, pp. 23-24).

"Escusar-se não pode nenhum da peia das leis por dizer que as não sabe... Razão é que as saibam por as ler, ou por tomar delas com entendimento dos que as lerem, ou por elas o mesmo se souber razoar, ou em outra maneira sem ler" (*Ibidem*, p. 25).

Ramon Lull *(1235-1315), pensador catalão, dignitário da Corte do rei de Maiorca, onde nasceu, de juventude aventurosa e extravagante, dedicou-se, numa fase de amadurecimento, à evangelização de judeus e muçulmanos, pela demonstração racional das verdades da religião cristã. Quando já tinha 80 anos, foi assassinado, no Norte de África, por muçulmanos que pretendia evangelizar. O "doctor illuminatus", designação que lhe foi atribuida, deixou uma vasta obra, na qual se inclui o "Libro de la Orden de la Caballeria", do qual há edições em castelhano, em catalão e em português.*

"O ofício de cavaleiro é manter e defender o senhor terreno, pois nem rei, nem príncipe, nem qualquer alto barão poderia sem ajuda manter justiça nas suas gentes... Pelos cavaleiros deve ser mantida a justiça, porque assim como os juízes têm o ofício de julgar, assim os cavaleiros têm o ofício de manter a justiça. E se cavaleiro e letras se pudessem conjugar com tanta força que cavaleiro pela sua ciência se bastasse para ser juiz, juiz deveria ser o cavaleiro, porque aquele por quem a justiça pode ser melhor mantida é mais conveniente para ser juiz que qualquer outro homem, pelo que o cavaleiro é mais conveniente para ser juiz... O ofício do cavaleiro é manter a terra, porque, pelo medo que têm dos cavaleiros, as pessoas hesitam em destruir as terras, e pelo temor dos cavaleiros hesitam os reis e príncipes em ir uns contra os outros... O ofício de cavaleiro é manter viúvas, órfãos, homens desvalidos... O ofício de cavaleiro é ter castelo e cavalo para guardar os caminhos e para defender os lavradores. O ofício de cavaleiro é ter vilas e cidades para manter a justiça entre as gentes... Traidores, ladrões e salteadores devem ser perseguidos pelos cavaleiros, porque assim

Textos de Filosofia do Direito

como o machado foi feito para destruir as árvores, assim o cavaleiro tem o seu ofício para destruir os homens maus" (Ob. cit., 2.ª Parte).

"Ao cavaleiro é dada a espada, que é feita à semelhança da cruz, para significar que assim como Nosso Senhor Jesus Cristo venceu na cruz a morte... assim o cavaleiro com a espada deve vencer e destruir os inimigos da cruz. E porque a espada é cortante dos dois gumes, e a cavalaria é para manter justiça, e justiça é dar a cada um o seu direito, por isso a espada do cavaleiro significa que o cavaleiro deve manter com a espada a cavalaria e a justiça" (Ob. cit., 5.ª Parte)

"Todo o cavaleiro deve saber as sete virtudes que são raíz e princípio de todos os bons costumes... As teologais são fé, esperança e caridade, as cardeais são justiça, prudência, fortaleza e temperança... O cavaleiro deve ser amador do bem comum, porque para comunidade de gentes a cavalaria foi eleita, e o bem comum é maior e mais necessário que o bem particular" (Ob. cit., 6.ª Parte).

Marsílio de Pádua *(1275 ? - 1343 ?) estudou medicina na sua cidade natal, onde ensinou, assim como em Paris. De regresso à Itália, ligou-se aos "gibelinos" na luta contra o Papa João XXII, não obstante os benefícios que dele recebera, gozando da protecção do imperador Luís da Baviera. A sua obra mais conhecida é "Defensor pacis" (1324). Para Marsílio, o Papa só teria os poderes que lhe fôssem conferidos pelo povo cristão e pelo seu representante, o imperador.*

"As verdades da sagrada Escritura... explicitamente ordenam, ou, pelo menos, aconselham que nem o bispo de Roma, chamado Papa, nem outro qualquer bispo, ou sacerdote, ou diácono, tenha, ou deva ter, qualquer governo, juízo ou jurisdição coercitiva sobre... qualquer grupo ou indivíduo... Cristo não exerceu neste mundo o poder judicial, quer dizer, coercitivo... É realmente assombroso que um bispo ou sacerdote... assuma por si uma autoridade maior do que a que Cristo e os seus apóstolos tiveram neste mundo" (*Defensor pacis*, 2.ª Parte, Cap. IV).

"Apontámos a causa singular, que persiste, da discórdia, ou não tranquilidade, dos reinos e comunidades e que se estenderá a todos os outros reinos, se não for detida. Esta causa está na crença, no desejo e nos esforços pelos quais o bispo de Roma e a sua corte de padres, em especial, tendem a apropriar-se dos governos seculares e a possuir bens temporais em termos supérfluos. O referido bispo procura reivindicar para ele próprio o governo supremo, com o fundamento em que a plenitude do poder lhe teria sido concedida, em particular, segundo pretende, por Cristo, na pessoa de São Pedro" (*Ibidem*, 3.ª Parte, Cap. I).

"O único legislador humano é o conjunto dos cidadãos, ou a sua parte preponderante... Um bispo ou um padre, como tal, não

Textos de Filosofia do Direito

tem qualquer principado, nem qualquer jurisdição coercitiva sobre seja quem for, eclesiástico ou laico, mesmo que se trate de um herético... Sobre qualquer pessoa singular mortal, seja qual for a sua condição, e também colégios de laicos ou de eclesiásticos, só o príncipe, pela autoridade do legislador, tem jurisdição coercitiva, quer real quer pessoal. Não é permitido a nenhum bispo ou padre, nem aos colégios respectivos, excomungar alguém sem o consentimento do legislador fiel... Por autoridade divina, com o consentimento, ou o acordo, do legislador humano fiel, os outros bispos, em conjunto ou separadamente, podem excomungar o bispo de Roma... Os cargos eclesiásticos separáveis deverão ser conferidos e, do mesmo modo, retirados, por autoridade apenas do legislador fiel... Nenhum bispo... pode conferir licença para ensinar em público, ou para exercer uma arte... apenas o legislador fiel... Cabe apenas ao príncipe... dispor de todos os bens temporais que foram afectados a causas piedosas e a obras de caridade... Só o concílio geral dos fiéis pode decidir e ordenar se convem ou não proibir aos bispos e aos padres... ter mulher... Aquele que deve observar a perfeição evangélica da absoluta pobreza não pode possuir qualquer bem imobiliário... O princípe, por sua autoridade, pode obrigar, num território que lhe esteja submetido, os bispos e os outros ministros do Evangelho, desde que devidamente alimentados e vestidos, a celebrarem os ofícios divinos e administrarem os sacramentos da Igreja... O bispo de Roma... por autoridade do legislador fiel ou do princípe, ou do concílio geral dos fiéis, pode ser suspenso e demitido" (*Ibidem*, Cap. II).

"O príncipe, quer seja um só ou vários, compreenderá, através das verdades humanas e divinas contidas neste livro, que a ele apenas cabe a autoridade de comandar a multidão submetida... de acordo com as leis estabelecidas, e que não deve fazer seja o que for, para além do cumprimento dessas leis, sobretudo tratando-se de coisas importantes, sem acordo da multidão sujeita ou do legislador... quanto à multidão submetida... ela poderá saber, por este livro, que as pessoas importará estabelecer como príncipes... e as cautelas a tomar, na medida do possível, para evitar que ou o príncipe, ou qualquer outro membro da comunidade, tome a liberdade de desenvolver acções contrárias às leis, ou que as desconheçam" (*Ibidem*, Cap. III).

Álvaro Pais *(1275 a 1280-1349). De seu nome completo Álvaro Pais Gomes Chariño, nasceu, ao que parece, na Galiza, admissivelmente de ascendência ilustre, desconhecendo-se muitos passos da sua vida. Eclesiástico, doutor em Direito pela Universidade de Bolonha, onde terá ensinado, viveu em Roma e, durante longo período, em Portugal, onde foi bispo de Silves. Desentendido com o rei D. Afonso IV, refugiou-se em Sevilha, onde morreu. Álvaro Pais escreveu "De statu et planctu Ecclesiae", parcialmente traduzido em português, sendo a edição original de 1474 (Ulm), "Speculum regum" e "Collyrium fidei adversus haereses", dos quais também há traduções em português. Este autor assumiu decididamente a defesa do Papa João XXII contra o anti-papa Pedro de Corbara, apoiado no imperador Luís da Baviera e sustentado pelos escritos de Guilherme de Ockham e de Marsílio de Pádua.*

"O poder secular, para ser digno do nome de rei, tem de proceder com rectidão. De facto, o rei mau não pode dizer-se verdadeiro rei, tal como o dinheiro falso não é dinheiro e a falsa justiça não é justiça" (*Espelho dos Reis*, texto bilingue, Lisboa, vol. I, 1955, p. 112).

"Cumpre, pois, saber que é bom e conveniente ao género humano haver um reino e o poder de um governo, pois que, devido à ignorância da natureza humana, não basta ao homem o governo da sua própria razão" (*Ibidem*, p. 145).

"Legitimamente um homem alcança o poder quando é posto à frente dos outros por geral consenso da comunidade... ou por especial mandado de Deus, como aconteceu no povo dos israelitas... ou por decisão daqueles que fazem as vezes de Deus, como deve ser no povo cristão... Perversamente um homem alcança o poder quando, por paixão de dominar, ou seja pela força, ou por dolo, ou por

Textos de Filosofia do Direito

suborno, ou por qualquer outro meio indevido, usurpa aquele poder... Acontece, porém, algumas vezes, que alguém alcança ile-gitimamente o poder mas se torna, depois, bom e verdadeiro gover-nante... São justos e legítimos aqueles reinos em que o modo de adquirir o poder e o uso dele são rectos" (*Ibidem*, pp. 147-151).

"Além disso, se o governo injusto dos tiranos não é exercido por um só, mas por vários, chama-se, em grego, no caso de exercí-cio por poucos, oligarquia, isto é, o principado de poucos, quando poucos, diferindo do tirano só no número, oprimem o povo por causa das riquezas. Se, porém, o governo iníquo é exercido por muitos, chama-se, em grego, democracia, isto é, poder do povo, quando o povo dos plebeus oprime com o seu poder os ricos e os nobres. Desta forma, realmente, o povo inteiro é como um só tira-no" (*Ibidem*, p. 159).

"Também em razão da jurisdição, que é boa, o Senhor deter-mina que se obedeça aos superiores, mesmo quando são maus" (*Es-tado e Pranto da Igreja*, texto bilingue, Lisboa, vol. I, 1988, p. 343).

"Marsílio de Pádua... dogmatiza... que o Papa pode ser julga-do e deposto pelo imperador... Ora... o Papa recebeu o poder e a jurisdição de Deus, e não de um homem, e só por ele tem de ser jul-gado... o imperador é inferior... é vigário do Papa nas coisas tem-porais... é filho e não pai da Igreja... E o filho não corrige o pai, mas ao contrário... O imperador recebe o seu poder da Igreja, como vassalo... O imperador é advogado e não juiz da Igreja... recebe da Igreja o gládio e a jurisdição... não podendo, com esse mesmo gládio, ferir quem lho deu... O Papa é como Deus na terra... e um homem não julga a Deus... O Papa não é do foro do imperador... Porque isto assim é de direito, todos os reis e príncipes o observaram... À objecção do referido herege Marsílio de que Pilatos julgou Cristo, e assim também o imperador pode julgar o Papa, respondo que o não julgou como pessoa pública ou como di-gnidade preeminente, mas como pessoa privada, acusada pelos príncipes da sinagoga como malfeitor, o que era do foro de César... Então Cristo não tinha a pessoa do Papa, mas a de simples homem acusado perante o seu juiz" (*Colírio da Fé contra as Heresias*, texto bilingue, Lisboa, vol. II, 1956, pp. 25-28).

Guilherme de Ockham *(1280 ? - 1349), franciscano inglês, estudou em Oxford e, segundo afirmações muito repetidas, não terá aí ensinado por algumas das suas posições serem julgadas heréticas. Convocado pelo Papa para explicar e justificar os seus juízos, Ockham, apoiado no imperador Luís da Baviera, passou a ser ele a acusar João XXII de heresia. Mas diz-se também que, após a morte do imperador, terá procurado reconciliar-se com Roma, não o conseguindo. Na obra de Ockham contam-se : "Opus nonaginta dierum" (1330), "Tractatus de dogmatibus Iohannis XXII papae" (1335-1338), "Defensorium contra errores Iohannis XXII papae" (1335-1339), "Octo quaestiones de potestate papae"(1339--1342), "Breviloquium de principatu tyrannico"(1339-1340), ou "Breviloquium de potestate papae", e "Dialogus de potestate papae et imperatoris"(1343). Ockham é apontado como pensador representativo do "nominalismo", do entendimento para o qual os conceitos universais são puros nomes, palavras, achando-se a realidade no individual, que não no geral. As ideias de Ockham foram largamente recebidas pelos doutrinadores reformistas, assim como ao nível das concepções subjectivistas e relativistas. Também não carecerá inteiramente de fundamento situar em Ockham antecedentes do existencialismo. Se os conceitos universais não têm base real, se se trata de meras generalizações mentais, se só tem realidade o ser individual, também a natureza, a essência, atribuída ao homem, será desprovida de realidade, correspondendo apenas a uma abstracção de espírito. E os ordenamentos jurídicos, não podendo assentar na natureza dos seres, buscarão fundamento em manifestações de vontade, ou divinas ou derivadas da consciência de cada homem, de todos os homens, ou de uma maioria. Projectado no plano jurídico, o "nominalismo" poderá explicar que as construções respectivas passem a centrar-se nos direitos individuais, e não no direito objectivo.*

Textos de Filosofia do Direito

"O poder do papa é de direito divino ou é de direito humano? O direito divino acha-se nas Escrituras Sagradas. Os direitos humanos, esses, são próprios das leis e dos imperadores... Será necessário que também outros, além do papa, designadamente imperadores e reis, conheçam as leis divinas e as leis humanas. E, assim, também outros deverão saber que poderes tem o papa sobre os seus súbditos" (*Breviloquium de principatu tyrannico*, Livro I, Cap. IV).

"Ainda que o papa seja vigário de Cristo, nunca se lhe concedeu todo o poder de Cristo, nem como Deus nem como homem... Ficam exceptuados da autoridade do papa os direitos e liberdades de outros concedidos por Deus e pela natureza. Não se poderá, pois, pressionar os inocentes e os justos para fazerem, contra vontade, coisas para além daquelas que se têm de fazer por necessidade, e que são impostas por lei divina e por direito natural, através de ordenanças, decretos, leis e outros preceitos" (*Ibidem*, Livro V, Cap. II).

"Quem é que há-de julgar se uma afirmação do papa é verdadeira ou falsa, católica ou herética? A isso responderei dizendo que julgar sobre tal... caberá a qualquer que conheça com certeza a verdade, assim como um médico julga das medicinas e um artista das coisas de arte. Ou seja pela fé... ou pela razão evidente, ou por experiência certa" (*Ibidem*, Cap. IV).

"Primeiramente distinguem-se três espécies de direito natural. Num sentido diz-se direito natural aquele que se acha em conformidade com a razão natural, que em caso algum poderá errar, como, por exemplo, pelo que respeita a não falsificar, a não mentir, etc. Outro direito natural é aquele que deve ser observado por quantos se regem apenas pela equidade natural, com exclusão de qualquer costume ou de qualquer lei. Em terceiro lugar, diz-se direito natural aquele que deriva do direito das gentes, ou de qualquer outro facto humano, por razão evidente" (*Dialogus de potestate papae et imperatoris*, Parte III, Tract. II, Livro III, Cap. VI).

Bula *"Unam Sanctam" de Bonifácio VIII (1302)*

"Que o poder espiritual sobreleva em dignidade e em nobreza a qualquer poder terreno, temos de reconhecê-lo, com clareza...: Logo, se o poder terreno se desvia, será julgado pelo poder espiritual... Este poder, embora dado a um homem e por um homem exercido, não é humano, mas divino, por palavra divina dado a Pedro... e aos seus sucessores... Portanto, a submissão ao Pontífice Romano declaramos, afirmamos, definimos e pronunciamos ser de toda a necessidade para a salvação de qualquer pessoa humana".

Erasmo, *Erasmo de Roterdão, terra de sua naturalidade, ou Desiderius Erasmus, adaptação greco-latina do nome de Geert Geertsz (1469 ? - 1536), filho ilegítimo de um copista que veio a professar, cedo órfão de mãe e de pai, professou também, na Ordem de Santo Agostinho, e foi ordenado presbítero. Secretário de um cardeal, Erasmo frequentou diversas universidades, entre elas a de Paris, e recebeu valiosas protecções. Os seus "Adágios"* (Adagiorum Collectanea) *foram publicados em 1500, o "Novo Testamento", traduzido em alemão, foi publicado em 1504, e a* Stultitiae Laus *("Elogio da Loucura") em 1509. Esta última obra, panfletária, é a mais popular das que Erasmo escreveu. Carlos V concedeu a Erasmo uma larga pensão vitalícia e o título de conselheiro, embora não haja memória de alguma vez lhe ter pedido a opinião. As relações estabelecidas com Lutero, que pretendia arrastá-lo para uma atitude reformista, aliadas à posição de neutralidade mantida por Erasmo entre os católicos e os protestantes, assim como ao seu marcado anti-clericalismo, valeu-lhe hostilidades de uns e outros, por vezes provocando mesmo motins populares contra este autor, como aconteceu em Basileia. Erasmo terá, nos últimos tempos de vida, assegurado a sua inteira fidelidade à causa da Igreja junto do Papa Paulo III, que lhe ofereceu o chapéu cardinalício, não aceite por Erasmo. Tivera grande relevo, na defesa da posição de Roma, a publicação da obra "De Libero Arbitrio" (1524), na qual Erasmo contrariou o determinismo de Lutero.*

"Os conhecimentos científicos introduziram-se subrepticiamente, conforme as restantes calamidades humanas, e nasceram dos mesmos autores dos quais proveem todas as desgraças do homem, ou seja, dos demónios... ou seja, dos que sabem. Certo é que aquela gente simples da idade de ouro vivia alheada de quaisquer conhecimentos científicos, apenas conduzida pela natureza e pelo instinto. Para que necessitavam da gramática...? Que utilidade teria tido a dialéctica, quando não havia nenhuma oposição de juízos?... Para que se teria querido o conhecimento das leis, quando não havia maus costumes, dos quais, sem dúvida, resultaram as boas leis?" (*Stultitiae Laus*, XXXII).

"De qualquer modo, entre os conhecimentos científicos são altamente apreciados os que melhor se ajustam ao senso comum, ou seja, à necessidade. Morrem de fome os teólogos, de frio, os físicos, são troçados os astrólogos, desprezam-se os dialécticos, mas um só médico vale por muitos homens... Depois dos médicos é dado o segundo lugar aos práticos das leis... de cuja profissão costumam rir-se os filósofos, unanimemente, tendo-a por estulta ("asininam"). Não obstante, todos os assuntos, maiores e menores, são tratados segundo o arbítrio desses estultos ("horum asinorum")... São mais afortunados os que têm podido apartar-se de qualquer relação com os conhecimentos científicos e seguir, como único condutor, a natureza, que não apresenta defeitos em nenhum dos seus aspectos, a não ser quando pretendemos transpor os seus limites. A natureza odeia as máscaras, pelo que resulta mais feliz o que nunca foi ferido por qualquer artifício" (*Ibidem*, XXXIII).

"Entre os eruditos reclamam para si o primeiro lugar os jurisconsultos, de tal modo que outro qualquer não lhes parece tão bem, enquanto dão voltas sem cessar à roca de Sísifo e vão elaborando seiscentas leis diferentes com o mesmo espírito, sem que interesse qual seja o tema pertinente. Mas, acumulando termos desusados uns sobre outros e opiniões várias, também umas sobre outras, conseguem que pareçam aqueles estudos os mais difíceis de todos... e com as suas excessivas altercações quase sempre perdem de vista a verdade. Contudo, a própria prosápia os faz felizes, posto que, munidos de três silogismos, atrevem-se, sem grande meditação, a pôr as mãos em qualquer assunto, e em relação seja a quem for. A sua pertinácia torna-os invencíveis" (*Ibidem*, LI).

Thomas More *(1478-1535), Thomasius Morus, ou Tomás Moro, natural de Londres, onde também morreu, foi advogado, magistrado, parlamentar, historiador e chanceler de Henrique VIII. Quando o monarca inglês, depois de ter repudiado a rainha D. Catarina, casou com Ana Bolena e passou a perseguir o clero fiel a Roma, Morus demitiu-se de chanceler. Depois, a sua oposição ao* Act of Supremacy, *de 1534, com fundamento em que nenhum parlamento poderia promulgar uma lei negando que Deus fôsse Deus, ou declarar que o rei era a autoridade suprema da Igreja, levou-o ao cativeiro da Torre de Londres e ao patíbulo. Morus foi beatificado em 1886 e canonizado em 1935. Entre as obras de Morus contam-se "History of Richard III"(1513), "History of Edward V" (1513), "Responsio ad Convitia Martini Lutheri"(1523), trabalho que situa o seu autor no movimento contra-reformista, e a muito citada "Utopia" — "De optimo reipublicae statu deque nova insula Utopia" (1518). A visão idílica da ilha da Utopia, onde os bens eram comuns, já tem levado a incluir Morus entre os pensadores socialistas, o que, no entanto, não parece corresponder nem à sua vida, privada e pública, nem à sua obra.*

"Um secular especialista em leis… começou diligente e solenemente a elogiar aquela justiça directa e rigorosa que ao tempo se praticava em relação aos malfeitores, os quais, segundo disse, muitas vezes eram enforcados aos vinte de cada vez. E, vendo que tão poucos escapavam ao castigo, observou que não podia entender… como, e por que má sorte, mesmo assim, os ladrões por toda a parte fôssem tão numerosos. Disse-lhe eu… que não havia motivo para estranheza, porque tal castigo dos ladrões passa os limites da justiça e é, além disso, muito prejudicial para o bem comum, pois constitui um castigo excessivo e cruel para o roubo, não sendo, contudo, suficiente para refrear e apartar dele os homens. Efectivamente, o simples roubo não é delito tão grave que se castigue com a morte. Além de que não há castigo por mais duro que possa evitar o roubo para os que não tenham outras artes de subsistência... Grandes e horríveis castigos se destinam aos ladrões quando, de preferência, se deveriam ter tomado providências para que pudessem ganhar a sua vida sem ter de chegar aos extremos de necessidade, primeiro de roubar e depois de morrer... Deus ordenou-nos que não matássemos. E vamos matar um homem porque se apoderou de algum dinheiro? E se se entender que este mandamento de Deus pode ser esquecido, na base das leis humanas que permitem matar, porque não determinarão da mesma maneira as constituições humanas em que medida a prostituição, a fornicação e o perjúrio podem ser legais?" (*Utopia*, Livro I, 116 e s., 205 e s.).

"Penso também que ninguém desconheça quanto é falho de razão para a comunidade que um ladrão e um homicida, ou um assassino, sofram igual ou análoga pena. Posto que o ladrão, vendo o homem condenado por roubo em perigo não menor, nem castigo mais suave, do que o condenado por assassinato, se vê incitado, por essa só consideração, intensa e irresistivelmente, e, em certo sentido, até obrigado, a matar aquele que, de outro modo, apenas teria roubado. Pois uma vez cometido o assassinato, está com menos medo e mais esperança de que os crimes não sejam descobertos nem conhecidos, uma vez que se acha morta a parte interessada, única que poderia declarar e descobri-los" (*Ibidem*, 213 e s.).

"Há quem aconselhe o rei a pôr em dúvida a sua benevolência em relação aos juízes do reino, para sempre os ter a seu lado, e para que em todos os pleitos se inclinem a favor dos direitos reais. Para isso chamá-los ao palácio e pedir-lhes que argumentem e discutam sobre as questões na sua presença... Assim, enquanto os juízes não consigam pôr-se de acordo entre eles, arrazoando e argumentando mesmo sobre o que está bastante claro e pondo em dúvida a verdade manifesta, bem poderá o rei encontrar adequado pretexto para interpretar a lei conforme lhe seja mais favorável, com o que todos acabarão por estar de acordo, ou por vergonha ou por medo. Então os juízes poderão pronunciar-se abertamente a favor do rei, pois ao que lavra sentença favorável ao rei nunca faltam boas justificações" (*Ibidem*, 359 e s.).

Textos de Filosofia do Direito

"Assim como estará desprovido de entendimento o médico que não saiba curar uma doença do seu paciente sem lhe provocar outra enfermidade, também o que não consiga orientar as vidas dos seus súbditos senão arrebatando-lhes as riquezas e as comodidades não tem outro remédio senão o de reconhecer que desconhece a arte de governar... Que renuncie aos prazeres desonestos e se desprenda do seu orgulho, pois esses são vícios capitais que suscitam o desprezo e o ódio dos povos. Que viva do seu, sem prejudicar ninguém" (*Ibidem*, 379 e s.).

"Os homens nunca viverão em abundância onde todas as coisas são comuns. Pois como poderá haver abundância de bens, ou de qualquer coisa, onde cada homem foge com as mãos ao trabalho? A cada homem não incitará ao trabalho o estímulo dos ganhos próprios, e a esperança que deposita no trabalho dos outros homens torna-lo-á pachorrento. Então, quando todos estejam atormentados pela pobreza e quando nenhum possa defender, com base na lei e no direito, aquilo que tenha podido obter pelo labor dos seus braços, não serão de recear contínuas sedições e contínuos massacres? Especialmente faltando a autoridade e o respeito dos magistrados, nem posso imaginar que destino estará reservado para homens entre os quais não haja nenhuma diferença" (*Ibidem*, 452 e s.).

"(Na ilha da Utopia) as casas são belas e sumptuosas... cujas portas nunca se fecham... Quem queira pode entrar nelas, pois nelas nada há que seja privado, ou próprio de qualquer pessoa. De dez em dez anos trocam de casa, por sorteio" (*Ibidem*, Livro II, 2, 29 e s.).

"(Na ilha da Utopia) o de mais idade governa a família" (*Ibidem*, 5, 16).

"(Na ilha da Utopia) têm poucas leis, pois para um povo instruído e organizado poucas bastam... Julga-se ser contra todo o direito e contra toda a justiça que os homens estejam sujeitos a leis que, pelo seu número excessivo, nem podem ser lidas... Excluem-se e são proibidos os advogados, procuradores e gestores, os quais estudam as matérias com habilidade e disputam as leis com subtilezas. Julga-se mais adequado que cada um defenda a sua própria causa e conte ao juiz a mesma história que contaria ao advogado. Assim haverá menos divagações nas palavras e a verdade aparecerá mais prontamente, porque o juiz, por discreto julgamento, ponderará as palavras daquele a quem ninguém instruiu com falsidades...

Na Utopia todo o homem é um hábil advogado, porque têm poucas leis e quanto mais clara e geral é uma interpretação tanto mais facilmente a aceitam por mais justa" (*Ibidem*, 7, 81 e s.).

D. Sancho de Noronha, *eclesiástico português do século XVI, foi bispo de Leiria. Publicou, em 1547, o "Tractado da Segunda Parte do Sacramento da Penitência, que he Confissam" e, em 1549, o "Tractado Moral de Louvores e Perigos dalgũs Estados Seculares". Deste há uma edição microfilmada de 1969, com introdução e notas do Prof. Doutor Martim de Albuquerque. Respeita a segunda obra citada às obrigações dos príncipes, dos seus conselheiros e dos seus juízes. Dela se transcrevem algumas passagens.*

"Serem os Principes tam zelosos da justiça que tudo conforme a ella julguẽ, e queiram que seus juizes assi ho façam assi em cousas em q eles sejam partes, como em todas as mais, he a mais heroica obra desta virtude... Juizes livres estam muy alheos de toda corrupçam" (*Tractado Moral...* " cit., Cap. VII).

"A cousa em que os Principes gram providencia devem ter he na paz e sosego de seus regnos, porque com a concordia e paz sosegada tudo se acrecenta, e com a discordia e guerra as grandes cousas vem a ser piquenas... Quanto mais devem de trabalhar os Principes christãos, que com este nome são mais obrigados, a q̃rer paz q̃ cõprir cõ os apetites da guerra, quãdo os tiverẽ... Muitas vezes mediante a guerra se asegura a pax... He officio de bom Principe e prudente por bons meos, sem prejuizo de seu estado, ter pacifico seu Regno. Mas isto a de ser de maneira que seus ĩmigos, quando lhe guerra fizerem, assi am de arrecear a paz que aja tido, pelo poder que nela tera ganhado" (*Ibidem*, Cap. VIII).

"E por muy bem aventurado se deve de ter ho Regno e arrepublica em que ho eterno Deos aja querido que regne Principe virtuoso, e se veja e se saiba que ho he... porque... he muy claro os Principes serẽ seguidos e immitados nos custumes" (*Ibidem*, Cap. IX).

D. Sancho de Noronha

"Ho estado dos que tẽ officio de julgar he muy manifesto ser onrrado, como necessario a vida humana, e sempre tido de todos os mortais em grãde veneração, os que ho tem, e tiverão de julgar vidas, e presidir a Povos, Cidades, respublicas : pera cujo bem e conservação sẽpre foi necessario e he aver Homens que tal officio tenhão principalmente os que forẽ livres, e de bõ zelo, sem respeitos de proprios intereses justos, e temerosos de Deos despojados de afeições particulares ... E asi parece aver sido necessario homẽs de Virtude e Saber terem officio de julgar a outros nas Cidades e Respublicas, pera q̃ ho Povo... não seja oprimido sem causa... e as injurias e forças evitadas... Mas depois destes louvores q̃ com rezão aos bõs juyzes se devẽ, me vierão a memoria os trabalhos de tal estado de vida, e officio. E entre muitos q̃ ha acho tres principais... os julgadores tẽ de saber discernir as causas, pera nelas se dar o despacho devido comforme a justiça... ho juyz tem de estar sempre seu animo despojado de toda paixam desordenada... As suas tenções serem sempre dadas nos processos com zelo de justiça, e nam respeito de aprazer, nem grangear favor, nẽ vontade dos que mayores forem na republica com perjuizo de terceiros" (*Ibidem*, Cap. XIII).

Damião de Góis *(1502-1572), nascido em Alenquer, foi escrivão da feitoria portuguesa de Antuérpia e casou na Holanda, donde provinha a família materna. O imperador Carlos V nobili-tou-o, por serviços prestados na Flandres. Erudito, atraído pelas artes, tendo convivido, por ocasião das suas viagens, com várias figuras do pensamento reformista, e mostrando-se ele próprio propenso à auto suficiência e ao relativismo, tornou-se Damião de Góis suspeito de heterodoxia. Isso não obstou a que fosse nomeado guarda-mór da Torre do Tombo e encarregado de escrever duas crónicas reais portuguesas. No entanto, nos últimos tempos de vida, tendo-lhe faltado algumas protecções de que antes beneficiara, admissivelmente pelas más-vontades suscitadas por um trabalho sobre genealogias, que não chegou a ser publicado, Damião de Góis foi processado e sofreu privações de liberdade, embora sempre ro-deado das atenções devidas à sua condição e aos seus méritos.*

"(O rei D. Manuel) era tão comedido, ainda que muito con-fiasse de seu juízo, que se com razão lhe continuavam as tais coisas tornava logo sobre si, como lhe aconteceu com João Mendes Cecioso, cidadão da cidade de Évora, sendo então aí vereador, que foi pelo modo seguinte. Estando El-Rei nesta cidade, nos anos de 1519 e 1520, por conselho e parecer de letrados, e dos oficiais de sua fazenda, ordenou que as novidades que colhessem seus sujeitos se estimassem, e que, rebatido o que os alvidradores dissessem ser necessário aos senhorios para despesa de suas casas, e famílias, lhe pagassem logo a sisa do demais, o que, posto que por todo o reino fosse mal tomado, pode tanto o querer de El-Rei que muitas cidades e vilas do reino consentiram nesta imposição. E entre as que não consentiram foi Évora, onde então João Mendes Cecioso era

Damião de Góis

vereador. Sobre qual negócio o mandou El-Rei chamar e lhe disse que lhe agradeceria querer ser da opinião dos outros, ao que lhe respondeu, depois de muitas altercações, dizendo-lhe: — Senhor, eu não tenho necessidade de vossas mercês, posto que mas ofereçais, porque meu pai me deixou duzentos e cinquenta mil reis de renda patrimonial, de que me mantenho honradamente, os quais me não podereis tirar com razão. E posto que mos tomar quisésseis, nem por isso hei-de deixar de vos dizer verdade, a qual é que tal imposto vós o não podeis pôr sobre vosso povo com razão, nem justiça. E os que vos tal coisa aconselham não são amigos da vossa alma, nem da vossa honra. O que El-Rei ouvindo lhe disse que se fosse preso para sua casa. E que dali por diante não queria que tivesse ofício nem cargo naquela cidade. Ao que João Mendes lhe respondeu que tudo lhe tinha em mercê, excepto a prisão, porque lha não merecia. Daí a alguns dias caiu El-Rei no negócio e, conhecendo que João Mendes fizera o que devia, o mandou chamar e lhe agradeceu o bom conselho que lhe dera, dizendo-lhe que de tais homens como ele quisera ter sempre muitos a par de si, para verdadeiramente lhe dizerem o que cumpria ao bom governo e ordem do seu reino e casa, e que se lhe dele cumprisse mercê que lha faria, e que quanto aos cargos e oficios que sempre servira naquela cidade lhe mandava que dali por diante o fizesse como sempre fizera, porque nisso lhe faria serviço"(*Chronica do Felicissimo Rei Dom Emanuel*, Lisboa, 1567, Parte IV, Cap. LXXXVI).

Frei Luís de Granada *(1504-1588). De origem muito humilde, nascido na cidade da qual tomou o nome, Luis de Sarriá professou na Ordem dos Dominicanos e rapidamente ganhou fama de sabedoria e de virtude. Completou os seus estudos em Valhadolide e viveu em Portugal por longo periodo, tendo falecido em Lisboa. Foi confessor do cardeal D. Henrique, do rei D. João III e do rei D. Sebastião, e também provincial da sua Ordem. Não obstante, num ambiente de receios face às heresias, alguns dos seus escritos ("Guia de Pecadores", "Oração e Meditação") estiveram proibidos, até que o Concílio de Trento levantou essa proibição. Publicou também, subsidiado pela rainha D. Catarina, "Compendio de Doctrina Cristiana" (1559) e outros escritos — "Memorial de la Vida Cristiana" (1565), "Introducción al Simbolo de la Fé" (1583). Os escritos dispersos de Frei Luis de Granada acham-se ordenados, de harmonia com a sistematização da "Suma Teológica" de São Tomás de Aquino, sob a epigrafe "Suma de la Vida Cristiana".*

"Pecam contra o sétimo mandamento ("não furtar") os que não obedecem às sentenças dos juízes que têm autoridade para julgar, os que prosseguem causas injustas, ou que injustamente as dilatam, os que não pagam pontualmente os dízimos das igrejas, os senhores que não pagam aos criados ou lhes dilatam os pagamentos, com dano e detrimento deles, os que não pagam a tempo, os que movem demandas para forçar os outros a tais acordos que lhes façam perder o que lhes era devidc, os que falseiam ou misturam as coisas que vendem, ou entregam uma coisa por outra, ou não tal qual havia de ser, em conformidade com as leis que sobre isso se acham estabelecidas, por palavras, pesos e medidas falsas, e de muitas outras maneiras, os que se prevalecem de contratos usurários e injustos, os

Frei Luís de Granada

que contra direito votam em cabidos, juízos e municípios, os que admitem pessoas indignas ou as preferem a outras, para ofícios eclesiásticos ou seculares, os juízes que permitem maus oficiais, que danificam ou estragam o que se faz, pois todos eles são ladrões da República. E sendo de maior qualidade ou de maior importância assim será maior o pecado e o furto" (*Suma de la Vida Cristiana*, ed. Madrid, 1952, p. 462).

"Não devas nada a ninguém, e assim terás o sono tranquilo, a consciência repousada, a vida pacífica e a morte descansada" (*Ibidem*, p. 468).

"Dá falso testemunho o juiz que torce a lei, que encaminha maliciosamente as palavras para alguma das partes, que não quere ser informado da verdade, ou que não põe diligência em sabê-la" (*Ibidem*, p. 468).

Luís de Molina *(1535-1600), Jesuíta, natural de Cuenca, viveu, durante longo período, em Portugal, onde fez os seus estudos, tendo sido professor nas Universidades de Coimbra e de Évora. É autor de uma obra de grande expansão, em seis volumes, e com várias edições, de carácter teológico e jurídico, intitulada "De Iustitia et Iure", assim como de um estudo teológico sobre a "Concordia Liberi Arbitrii cum Gratia..." (1.ª ed., Lisboa, 1588), que visa conciliar a liberdade humana e a presciência divina.*

"O direito natural define-o Aristóteles (Ética, V, 7) como sendo aquele que tem a mesma força e o mesmo carácter obrigatório em todos os lugares, não dependendo a sua força e a sua obrigatoriedade de que se queira ou não reconhecê-lo, mas sim da natureza da coisa que se ordena. E como essa coisa tem a mesma natureza em todos os lugares e face a todos os homens, o direito natural tem a mesma força para obrigar. Interessará, pois, ter presente esta excelente destrinça entre o direito natural e o direito positivo: que a obrigação de direito natural nasce da própria natureza do objecto do qual passa ao preceito, e, por essa razão, deverá entender-se que as coisas proibidas pelo direito natural são proibidas por serem más, e não, ao contrário, serão más por serem proibidas; e, do mesmo modo, que as coisas boas são preceituadas pela sua bondade, ou pela sua necessidade, e não, ao contrário, serão boas por se acharem preceituadas... quando a obrigação nasce da natureza da coisa que se ordena ou que se proibe, por ser necessária... o ordenamento, ou a proibição, respeita ao direito natural. Se, ao contrário, a obrigação não nasce da natureza da coisa que se ordena, ou que se proibe, mas sim do estabelecimento e da vontade do legislador, ainda que com certa congruência, ou conveniência, em relação à coisa, diremos que respeita ao direito positivo" (*De Iustitia et Iure*, Livro I, Tract. I, Disp. IV, 1, 2 e 3).

"Importará estabelecer uma destrinça fundamental entre a variação do preceituado pelo direito natural e a variação do direito positivo. Com efeito, aquela não se verifica porque haja mudança na lei natural, mas por uma qualquer circunstância que exclua o objecto do número daqueles que se achavam compreendidos na lei. Sem qualquer excepção, nem mutação da lei, a luz do entendimento dita e interpreta que, embora se mantenha a lei tal e qual como era, esta não se aplica a um determinado caso, pela ocorrência de certa circunstância, porquanto, por exemplo, nunca foi de direito natural que a espada depositada se devolva ao louco furioso que a reclama, sempre o direito natural determinou o contrário... Em contrapartida, a variação do direito positivo poderá verificar-se não apenas por variação do objecto, ou de parte dele... como também em consequência de mutação e variação da própria lei, ou por abrogação dela ou por dispensa, por isenção. Com efeito, como a obrigação não depende da natureza do objecto, mas da vontade do legislador, que, a seu livre arbítrio, a abrogará, ou dispensará a sua aplicação, poderá deixar de observar-se a sua força obrigatória, no todo ou em parte" (*Ibidem*, 6).

"Não só a lei natural deriva da lei eterna de Deus, mas também o preceito em razão do qual ela obriga é um preceito da lei eterna de Deus, que nos é dado a conhecer através da lei natural, como manifestação externa da lei eterna de Deus e como lei escrita por Deus nos nossos próprios corações, de harmonia com o ensinamento de São Paulo (*Ad. Rom.*, 2). Pelo que a lei natural é lei de Deus" (*Ibidem*, Livro V, Disp. XLVI, 14).

Diego Saavedra Faxardo *(1584-1648), diplomata espanhol, participou do Congresso de Münster e foi conselheiro das Índias. Entre outras obras, escreveu "Idea de un Principe Politico-Christiano" (Antuérpia, 1640).*

"Do centro da justiça se traçou a circunferência da coroa. Esta não seria necessária se se pudesse viver sem aquela. Na primeira idade não foram precisas penas, porque a lei não conhecia a culpa, nem o prémio, porquanto se amava por si mesmo o honesto e glorioso. Mas com a idade do mundo cresceu a malícia... aborreceu-se a igualdade, perdeu-se a modéstia e a vergonha, apareceram a ambição e a força e conheceram-se os domínios. Por isso, obrigada pela necessidade, a prudência, iluminada pela luz natural, reduziu os homens à companhia civil, em que exercitassem as virtudes para que os atrai a razão... Formada, pois, esta companhia, ou sociedade, nasceu do mútuo consentimento em tal forma de comunidade um poder, todo ele ilustrado pela claridade da natureza para conservação das partes, que as mantivesse em justiça e em paz, castigando os vícios e premiando as virtudes. E porque tal poder não poderia achar-se difuso em todo o corpo do povo, pela consequente confusão em resolver e em executar, e porque era forçoso haver quem mandasse, e quem obedecesse, todos se despojaram desse poder e entregaram-no a um só, ou a poucos, ou a muitos, conforme corresponde às três formas da República — Monarquia, Aristocracia e Democracia. A Monarquia foi a primeira, escolhendo os homens nas suas famílias, e, depois, nos povos, para seu governo, aquele que avantajava os outros em bondade, cuja mão, crescendo em grandeza, honraram com o ceptro, e cuja fronte cingiram com a coroa, em sinal de majestade, e do poder supremo concedido, o qual consiste, principalmente, na justiça para manter o povo em paz. E, assim, faltando esta, falta também a ordem da República e cessa o ofício de Rei... Esta justiça não se poderia bem administrar apenas por força da lei natural, sem graves perigos para a República, porquanto, tratando-se da constante e perpétua vontade de dar a cada um o que lhe é devido, seria posta em perigo se dependesse tão somente da opinião e do juízo do príncipe, por não ser escrita. Nem o entendimento natural, ainda que livre de afectos e paixões, seria bastante para, por si só, julgar com rectidão em tanta variedade de casos que se apresentam. E, assim, tornou-se necessário que, na base de um largo uso e experiência dos factos, as Repúblicas fossem dotadas de leis penais e distributivas. Aquelas para castigo dos delitos e estas para atribuir a cada um o que lhe caiba. As penas são representadas pela espada, símbolo da justiça... Os seus dois gumes são iguais, para o rico e para o pobre... O Rei é uma lei que fala, enquanto a lei é um rei mudo... A lei constitui o príncipe, e o conserva, e lhe dá força... Sobre as pedras das leis, que não da vontade, se funda a verdadeira política" (*Ob. cit.*, XXI, ed. de Valência, 1800, vol. I, pp. 183-187).

"À inconstância da vontade, sujeita aos afectos e às paixões, e cega por si mesma, não se pode confiar o juízo da justiça. E foi mister que se governasse por decretos e decisões firmes, originados na razão e na prudência, iguais para todos os cidadãos, não movidos pelo ódio ou pelo interesse. Tais são as leis que, para o futuro, ditou a experiência do passado. E porque estas não podem dar-se a entender por si mesmas, sendo corpos que recebem a alma e o entendimento dos juízes, por cuja boca falam e por cuja pena se declaram e se aplicam aos casos, que não conseguem abranger integralmente, tomem os Príncipes bem consciência das pessoas a quem as confiam, pois se trata de confiar o seu mesmo ser, posto serem os instrumentos principais para reinar. E feita a escolha, como convem, não lhes travem o exercício e o curso ordinário da justiça. Deixem-na correr pelo magistrado, porque quando os Príncipes pretendem arbitrar sobre as leis mais do que lhes permite a clemência, destroi-se este instrumento político, e os próprios elementos da sua sustentação serão causa da sua ruína. Com efeito, não é outra coisa a tirania senão um desconhecimento da lei, atribuindo-se os Príncipes a si a autoridade daquela... Quando o Príncipe cerra a boca às

Textos de Filosofia do Direito

leis abre-a à malícia e a todos os vícios... A multiplicidade das leis é muito danosa às Repúblicas, porque com elas se fundaram todas e com elas se perderam quase todas também. Em sendo muitas as leis, causam confusão, e esquecem-se, ou, não se podendo observá-las, desprezam-se. Contribuem para uma República dissoluta. Umas se contradizem a outras, e dão lugar às interpretações da malícia e à variedade das opiniões, donde surgem os pleitos e as dissensões. Ocupa-se a maior parte da gente nos tribunais. Faltam braços para a cultura dos campos, para os ofícios e para a guerra. Poucos bons sustentam muitos maus, e muitos maus são senhores dos bons. As praças são golfos de piratas e os tribunais bosques de foragidos. Até mesmo os que haviam de ser guardas do direito se tornam duras cadeias da servidão do povo... Nenhum dano interior é mais grave para as Repúblicas do que a multiplicidade das leis... Para que se há-de levianamente acrescentar novas leis às antigas se não há excesso que não tenha já acontecido, nem inconveniente que não se tenha conhecido antes, e para os quais o largo uso e a experiência não tenham dado remédio? Melhor se governa a República que tem leis fixas, ainda que imperfeitas, do que aquela que as muda com frequência" (*Ibidem*, pp. 188-191).

"Vãs serão as leis se o Príncipe que as promulga não as confir-mar e não as defender pelo seu exemplo e pela sua vida. Suave parece ao povo a lei à qual obedece o próprio autor dela... As leis que pro-mulgou Sérvio Túlio não se destinaram apenas ao povo, mas também aos Reis. Por elas se haviam de julgar as causas entre o Príncipe e os súbditos... Não obriga o Príncipe a força de ser lei, mas a da razão em que se funda, quando esta é natural e comum a todos... Tão sujeitos se acham os Reis de Espanha às leis que o Fisco, nas causas do património real, corre a mesma fortuna que corre qualquer vassalo. E, em caso de dúvida, é condenado" (*Ibidem*, pp. 197-199).

"Embora o consentimento do povo tenha dado aos Príncipes o poder da justiça, receberam-no imediatamente de Deus, como seus vigários no temporal" (*Ibidem*, XXII, pp. 199-200).

"Os tributos são o preço da paz. Quando o excedem, e o povo não vê a necessidade que obrigou a impô-los, facilmente se levanta contra o seu Príncipe... O dinheiro arrancado através de tributos injustos apresenta-se misturado com o sangue dos vassalos" (*Ibidem*, LXVII, vol. II, p. 196).

Diego Saavedra Faxardo

"Ocultas são as moléstias das Repúblicas, as quais não deverão ser julgadas pela sua boa disposição, pois às que parecem mais robustas acontece-lhes adoecer e morrer repentinamente, sendo o seu mal descoberto quando menos se esperava... Por isso, convem muito que o Príncipe esteja atento para tratar da cura logo no principio... Quem pode saber o que traz no seu peito a multidão? Qualquer acidente a impressiona, e qualquer sombra de servidão, ou de mau governo, a induz a tomar armas e a conspirar contra o seu Príncipe. Nascem as sedições de causas pequenas, e só depois se luta em razão das maiores... Crescem os tumultos como os rios, primeiro pequenos mananciais e depois caudalosas correntes... Deixa-os correr a imprudência e, a breve trecho, não há força que lhes resista. Quando começam, ou tomam medo ou tomam atrevimento" (*Ibidem*, LXXIII, vol. II, pp. 257-258).

"Se o povo se mostrar tumultuoso por culpa de algum ministro, não há remédios que melhor o sosseguem do que a satisfação do seu castigo. Mas se a culpa for do Príncipe, e, julgando o povo que é do ministro, contra ele tomar armas, a necessidade obrigará a deixá-lo no engano, quando nem a razão nem a força consigam opor-se sem danos maiores para a República. Padecerá a inocência, mas sem culpa do Príncipe" (*Ibidem*, p. 263).

"Nos remédios para as sedições, é muito conveniente a celeridade, por que as multidões animam-se e ganham soberba quando não deparam prontamente com o castigo ou com a oposição. O empenhamento torna-as mais insolentes e, com o decurso do tempo, tomam partido os duvidosos e correm perigos os comprometidos... Assim como as sedições se declaram de repente assim também devem ser remediadas depressa... Habituados os homens às mortes, aos roubos e aos mais desmandos que a sedição proporciona, mais dificilmente se reduzem à obediência e à quietação" (*Ibidem*, pp. 270-271).

"Porque em muitos homens, não menos ferozes e intratáveis do que os animais (conforme referimos), é mais poderosa a vontade e a ambição do que a razão, e, por isso, querem, sem justa causa, oprimir e dominar os outros, tornou-se necessária a guerra, como meio de defesa natural, porque, havendo dois modos de reparar os agravos, um por via do julgamento, como é próprio dos homens, e outro pela força, como é comum aos animais, quando não se possa

Textos de Filosofia do Direito

usar daquele, será mister usar deste, sempre que a causa seja justa, assim como justa também a intenção, e legítima a autoridade do Príncipe, o que não deverá ajuizar-se sem ampla consulta a gente douta... Quanto maior é a valentia, mais avessa à guerra, porque sabe a quanto a guerra a há-de obrigar. Muitas vezes a guerra é aconselhada pelos cobardes e suportada pelos valorosos... Os Príncipes muito poderosos hão-de fazer a guerra nela lançando as suas maiores forças, para terminá-la rapidamente... Porque a dilação na guerra envolve grandes custos e grandes riscos. Com ela o inimigo se exercita, se previne e cobra brios" (*Ibidem*, LXXIV, vol. II, pp. 276-280).

"É perigosa nas Repúblicas a aparência fingida de zelo, com que alguns pretendem convencer que defendem o bem público, quando só lhes interessa o particular, apontando os erros do governo apenas para desautorizá-lo... sustentando a liberdade para ganhar o aplauso do povo contra o magistrado e perturbar a República, para depois a reduzir à servidão. De tais artes se serviram quase todos os que tiranizaram as Repúblicas... Corre o povo cegamente pelo apelo à liberdade, e não a conhece senão depois de a ter perdido, quando se acha preso nas redes da servidão. Deixa-se arrastar pelas lágrimas desses falsos crocodilos e confia-lhes, sem cautelas, a fazenda e a vida. Como o mundo estaria tranquilo se os súbditos entendessem que, ou sejam governados por todo o povo, ou por muitos, ou por um só, sempre o governo terá defeitos, e com alguns laivos de tirania! Com efeito, ainda que a especulação inventasse uma República perfeita, como ela há-de ser constituída por homens, e não por anjos, poderá ser admirada, mas não praticada. E, assim, não consiste a liberdade em procurar uma ou outra forma de governo, mas na conservação daquele que corresponda a um largo uso, que tenha sido aprovada pela experiência, no qual se respeite a justiça e se conserve a paz civil, sendo pressuposto que sempre se há-de obedecer a um modo de domínio, sendo certo que nunca a liberdade sofre tanto como em tais mudanças de regimes. Pensamos melhorar o governo e damos com outro pior... e mesmo quando se melhora, são mais graves os danos que se padecem na passagem de um domínio para outro, pelo que é preferível suportar o presente, mesmo injusto, e esperar de Deus, se for mau o Príncipe, que outro bom lhe suceda" (*Ibidem*, LXXVIII, vol. II. pp. 305-308).

"Tratar bem os vencidos, manter-lhes os seus privilégios e a sua nobreza, assim como aliviá-los de tributos, é vencê-los duas vezes, uma pelas armas e outra pela magnanimidade, assim como corresponde também ao forjar de uma cadeia que favoreça a submissão de outras nações. Não são menos os que se têem submetido pela generosidade do que os submetidos pela força" (*Ibidem*, XCVI, vol. II, p. 464).

"Nos tratados de paz é tão necessária a franqueza de ânimo como na guerra. Aquele que tenha querido por eles alcançar grande reputação, e vencer o inimigo com a pena, como com a espada, deixou brazas na cinza para acender o fogo de uma nova e maior guerra... Não há paz segura quando é muito desigual... Se a paz não for honesta e conveniente para ambas as partes, o respectivo tratado será sempre claudicante" (*Ibidem*, XCVIII, vol. II, p. 474).

"Enquanto o Príncipe possa viver em paz, não há-de mover a guerra... Porque a guerra não pode ser conveniente a não ser para manter a paz... Pouco durará o império que assente na guerra a sua conservação... Mesmo quando se possa vencer, há-de desejar-se a paz, pois não há vitórias tão felizes que não sejam maiores os danos que delas provêem" (*Ibidem*, XCIX, vol. II. p. 482).

"Que o Príncipe tenha os vassalos sempre adextrados no exercício das armas, pois há-de prevenir a guerra quem deseje a paz" (*Ibidem*, p. 486).

Iohann Heinrich Alsted *(1588-1638), filósofo e teólogo prussiano, de religião luterana, autor de diversas obras de Filosofia e de Matemática, assim como de uma enciclopédia, em quatro volumes, da qual há uma edição de Lyon, do ano de 1649.*

"Jurisprudência é a arte do équo... Direito natural é o direito respeitado por todos os povos... Direito das gentes é aquele criado pela razão natural. Direito positivo é o criado pela vontade de alguém... O direito natural é imutável" (*Encyclopaedia*, Livro XXVI, Secção 1.ª, Cap. I, III vol., Lyon, 1649, p. 458).

Ioseph Lange *(Séc. XVI — Séc. XVII), alsaciano, de origem luterana, convertido ao catolicismo, autor de uma célebre enciclopédia,* Polyanthea, *com várias edições, sendo uma de Lyon, editada em 1681.*

"Direito é o ordenamento da sociedade civil... o que é ordenado pela natureza, pela cidade, pelo povo ou pelos costumes... O direito natural é o comum de todas as nações, em conformidade com o impulso da natureza, não estabelecido por qualquer lei" (*Polyanthea*, Lyon, 1681, tomo I, p. 1486).

António de Sousa de Macedo *(1606-1682), magistrado, diplomata, político e escritor. Entre outras obras publicou* Flores de España, Excelencias de Portugal *(1631), escrita em castelhano, e* Ulyssipo *(1640).*

"Na justiça e governo tem Portugal muitas excelências. E é a primeira que as primeiras leis de Espanha foram as que fez Túbal, compostas em Portugal... Nos tempos mais modernos fizeram os reis de Portugal leis chamadas Ordenações, bem conformes com o direito divino, e natural, nas quais está compilado tanto o Canônico como o Civil, de tal modo que com mais razão do que os romanos em relação às suas leis, bem podemos qualificá-las como santíssimas e sacratíssimas... Para interpretar e executar estas leis há ministros... graves conselhos e tribunais. Primeiramente o Conselho de Estado, que reside em Lisboa, no qual não entram senão pessoas da maior qualidade, prudência, experiência e serviços... Segue-se a Mesa, ou Conselho do Palácio, em que há cinco ouvidores... A Casa da Suplicação tem quarenta ouvidores, grandes letrados, com o seu presidente, designado por Regedor de Justiça, de grande qualidade e gravidade. Uns dos ouvidores tratam do Cível, outros do Crime... Este tribunal, que é o supremo da justiça do reino, tem tal importância que... o próprio Rei vai, nas primeiras sextas-feiras de cada mês, à Casa da Suplicação assistir ao despacho... sentando-se no lugar do Regedor e ficando o Regedor à sua direita, mantendo-se coberto... Assim aconteceu quando o Senhor Rei Filipe III veio a Lisboa, no ano de 1619... Há mais em Lisboa a Mesa da Consciência e Ordens, com três ministros eclesiásticos e dois ouvidores seculares... Há mais a Câmara, que é o Regimento da cidade... No Porto está uma Chancelaria, com vinte e dois ouvidores... Na Índia há outra Chancelaria, na cidade de Goa... E por todo o Reino há provedores, corregedores, juízes e auditores... E nas outras partes ultramarinas, governadores, corregedores e outras justiças... Para as coisas da Fazenda Real há em Lisboa um Conselho da Fazenda... Há mais para a Fazenda o Tribunal de Contos, onde se toma conta a todos os que manejaram fazenda do Rei... Estes Conselhos... consultam o Rei sobre todos os negócios e Sua Majestade manda conforme é servido... Somente na Casa da Suplicação e na Chancelaria do Porto, que são tribunais supremos na justiça, despacham os ouvidores até final por si sós. E têem um costume excelente e louvável. Nos pleitos civis leva cada um o processo para sua casa, e, depois de o ter visto, escreve no mesmo o seu parecer, fundado em razões e em direito; e assim o entrega a outro ouvidor, sem que as partes saibam em favor de quem vai o parecer, e aquele o entrega a outro. E em havendo três conformes, ou dois em casos de menor consideração, conforme declarados na lei do Reino, põem a sentença definitiva, dando outra vez nela, por extenso, as razões que os moveram, com o que o negócio fica claro e as partes quietas. Não é assim, muitas vezes, em outras partes e Reinos, onde se costuma pôr a sentença em duas palavras, sem dar razão alguma, com o que fica tão duvidosa e obscura que dá ocasião a novos pleitos, o que o direito e as leis sempre pretendem obviar... A equidade e a rectidão da justiça que se guarda nestes tribunais, e como bem procedem todos os seus ministros, sem respeitos particulares, viu-se claramente no princípio do reinado de D. Afonso IV. Sendo ele demasiado curioso da caça, e algo descuidado no governo, fizeram-lhe os seus conselheiros uma prática, em que o repreenderam asperamente, indo ao ponto de dizer-lhe que, se não se emendasse, buscariam outro Rei... Em leis, ministros e bom governo leva Portugal vantagem a muitos Reinos e Repúblicas" (*Flores de España, Excelencias de Portugal*, Lisboa, 1631, Cap. X, pp. 120-125).

D. Francisco Manoel de Mello *(1608-1666), militar, diplomata e escritor, de obra muito vasta e vida aventurosa, decorrida na última fase do período filipino e nos primeiros anos da Restauração. Além de trabalhos bastante conhecidos, como "Carta de Guia de Casados" (1651), "Epanáforas" (1660), "Apólogos Dialogais" (1721) e outros, escreveu D. Francisco Manoel de Melo, ainda em Espanha e na Flandres, "Politica Militar en Avisos de Generales" (Madrid, 1638) e "Aula Politica, Curia Militar", que só viria a ser publicada, em Lisboa, no ano de 1720. Nestas obras contêm-se ensinamentos que em muito transcendem o plano castrense.*

"Os costumes não são bons ou maus por razão da diferença: são bons pela utilidade, e honestidade; maus, quando as contradizem: posto que o vulgo cegamente ama, ou aborrece os usos alheios, só por não serem próprios. Discretíssima e boníssima, a Natureza nos ensina a aproveitar do bem que há nos inimigos... O bem uma vez bem visto é credor da estimação de todos: é indigno de desprezo, ainda que se ache em parte desprezada: quem foge do bem pelo lugar em que o vê, para que honra o ouro nascido em o mais ínfimo da terra?" (*Aula Politica e Curia Militar,* Prólogo, ed. Lisboa, 1720, pp. 1-2).

"A idade e a nobreza não se podem reduzir a preceito, e, segundo juízo dos maiores, nenhuma destas faltas é indispensável. Porque em muitos moços vimos a capacidade da senectude, e em muitos velhos a disposição da mocidade. E a este exemplo, em muitos humildes grandíssimo valor, e em muitos ilustres condenável omissão. Isto me persuade não ser acertada matéria de estado fechar a porta às esperanças do que nasceu pequeno, se do seu coração se prometem grandes efeitos... De sorte que de todas as fortunas e de todas as idades se podem encontrar homens dignos, embora os postos eminentes das Monarquias e das Repúblicas seja justo ocupá-los com os mais ilustres delas. Primeiramente, porque nestes se encontram mais seguramente as qualidades exigidas. Em segundo lugar, para que se tornem mais apetecíveis para aqueles que só pela sua virtude podem subir tão alto. E isto vem a ser meio para que antes os mereçam mais, e depois os apreciem em maior grau" (*Politica Militar*, Ibidem, pp. 156-157).

"A guerra (ainda que se encaminhe para fins justos, que são os meios para fazê-la lícita e boa) sempre opera por instrumentos e modos violentos, inhumanos, cheios de sangue e de horror, pelo que vem a ser a acção mais desigual à natureza humana, e que mais veementemente repugna às leis da própria natureza. Mas assim como a música, que de uma desigual união de sons diferentes, por indústria da conta e medida, que reparte a proporção a cada som, proporciona agradáveis consonâncias ao ouvido, asssim também de tão diversas variedades de paixões e violências, por meio da disciplina militar, se compõe aquele corpo desordenado e furioso. De tal sorte que no exército católico governado por capitão general digno do seu ofício sobre tudo o mais deve resplandecer a paz, e a obediência entre todos, e para todos, com tal constância, que mais pareça observante religião do que exército vingativo. Porque de contrário se arguirá a falta do valor necessário e de virtude, do caudilho que o governe, deixando os soldados proceder à solta e licenciosamente, provocando o ódio dos próprios amigos, pois da paz e da obediência não há felicidade que não resulte, assim como da discórdia e da licença não há mal que não possa esperar-se. E é este um dos melhores argumentos quanto à justiça e à causa da guerra, pois aqueles que são ministros da ira e do castigo do seu inimigo amam entre si mesmos a quietude e a mansidão" (*Política Militar*, Ibidem, pp. 201-202).

"O inimigo sempre deve ser estimado. Porque se vier tão poderoso como se julga, quando chegar às mãos, não se depare com alguma nova dificuldade que cause temor aos combatentes. Se é menos, tudo aquilo se acrescenta ao ânimo dos que o reconhecem. E para a batalha é conveniente aquela estima, pois é honra se sai vencido e desculpa se sai vencedor" (*Politica Militar*, Ibidem, p. 205).

Textos de Filosofia do Direito

"A fortuna tem poder sobre os sucessos, mas não sobre o valor do ânimo... Nos mesmos infortúnios pode haver acções dignas de glória e fama... A disposição justa, a que merece ou desmerece a glória essencial através dos sucessos contingentes, está nas mãos de cada um, embora não o esteja a felicidade dos sucessos" (*Política Militar*, Ibidem, pp. 215-216).

"O elemento da guerra é a morte, e perigos dos que a exercitam. E o mesmo estudo que a arte pôs em fazê-la cruel a fez também temperada. Porque ao mesmo tempo que os homens inventaram novos modos para hostilizar-se, também os encontraram para repará-los. Esta é a causa porque as batalhas dos antigos custavam muitas mais vidas do que hoje... O capitão general deve ganhar a empresa, mas com o menor preço de sangue... Vem a ser de pouco efeito alcançar uma vitória... quando entre o vencido e o vencedor cabe apenas o nome por diferença" (*Política Militar*, Ibidem, p. 217).

"Maior piedade do que com as fazendas se deve observar com as vidas e as honras dos vencidos, ordenando o capitão general... como devem ser tratados, porque nos ânimos dos homens de baixo nascimento tão inimigo é o que se humilha como o que se defende, pelo que as ordens devem ser severamente impostas e prontamente executadas, sobre os que procederem com tal atrocidade, considerando que a mais vigorosa lei em tais casos é a memória do castigo em iguais delitos. Não menos se deve cuidar da honra e quietude dos mortos, amigos e inimigos, fiéis e infiéis, dando-se aos amigos as melhores formas de sepultura que as circunstâncias permitam... e aos contrários não consentindo que os soldados neles executem barbaridades exorbitantes e detestáveis, que de ordinário se usam entre gentes vis e ferozes. O respeito e a urbanidade que se deve guardar às mulheres é viva obrigação dos superiores, porque a inabilidade e a fraqueza do seu sexo constitui a mais forçosa recomendação para os fortes, e é tão comum às nações do mundo a sua estima que já quase se tem por direito da natureza. E se, por ocultos juízos da divina providência, a guerra se der entre príncipes católicos, ainda serão mais poderosos os vínculos da religião do que os da humanidade, em que se ligam todas as nações da terra... Em tal guerra deve constituir sumo cuidado do capitão general o decoro e a veneração dos templos, riquezas e tesouros divinos, cuja

D. Francisco Manoel de Mello

menor ofensa será a maior desgraça que poderá suceder a vencidos e a vencedores" (*Politica Militar*, Ibidem, pp. 221-223).

"Tão valorosa acção é tratar o inimigo com desprezo na batalha como com urbanidade na vitória; e depois dela nisto deve pôr cuidadosa diligência o capitão general, fazendo reconhecer com atenção os prisioneiros, e, entre eles, as pessoas de qualidade notável e mais elevados postos, aos quais não deverá negar todas as honras que a cada um deva... Assim se realça o valor e se acrescentam circunstâncias felizes à vitória" (*Politica Militar,* Ibidem, p. 223).

Algernon Sidney *(1622-1683), filho do Conde de Leicester, militar, general, político, abraçou a causa parlamentar e foi nomeado juiz do tribunal que condenou à morte o rei Carlos I, embora não tenha chegado a participar do julgamento. Não obstante as suas desinteligências com Cromwell, Sidney serviu, por longo período, o regime republicano, o que, naturalmente, terá determinado o seu exílio de alguns anos, após a Restauração dos Stuarts. Regressado à Inglaterra, Algernon Sidney ter-se-á envolvido em intrigas políticas e, sob a acusação de ter conspirado contra Carlos II, acabou por ser condenado à morte e executado. Postumamente, em 1698, foram publicados os seus "Discourses concerning Government", que foram também traduzidos para francês em 1702. O Autor mostra-se tão apaixonado nos seus escritos como o terá sido nas atitudes políticas que assumiu.*

"Deus permitiu ao homem a escolha da forma de governo por ele julgada mais conveniente. E aqueles que estabelecem uma certa forma de governo têm também o direito de aboli-la" (*Discours sur le Gouvernement*, trad. franc., n. ed., Paris, Ano II, tomo I, p. 32).

"Todo o poder legítimo do magistrado deriva do povo" (*Ibidem*, p. 152).

"O governo não é estabelecido em benefício de quem governa, mas para bem dos governados, pelo que o poder não constitui uma vantagem mas antes um encargo" (*Ibidem*, p. 196).

"Não há nos homens nem nos animais nenhum pendor natural a favor da monarquia" (*Ibidem*, p. 265).

"A melhor forma de governo... é aquela que participa da monarquia, da aristocracia e da democracia" (*Ibidem*, p. 374).

"As monarquias acham-se mais vulneráveis à venalidade e à corrupção do que os governos populares" (*Ibidem*, tomo II, p. 127).

"As liberdades dos povos dependem de Deus e da natureza, não da vontade do soberano que os governa" (*Ibidem*, p. 242).

"O que não é justo não pode ter força de lei; e o que não seja lei não vinculará a qualquer obediência" (*Ibidem*, p. 395).

"Os reis não podem ser os legítimos intérpretes do juramento que prestam quando ascendem ao trono" (*Ibidem*, tomo III, p. 35).

"O rigor da lei poderá ser moderado por pessoas de bom critério e de reconhecida integridade, mas não pelo príncipe, que pode ser ignorante ou vicioso" (*Ibidem*, p. 119).

"Os ingleses foram sempre governados ou pela nação no seu conjunto ou por deputados que a representavam" (*Ibidem*, p. 186).

"A lei inglesa que autoriza os actos praticados por aquele que se acha actualmente na posse da coroa, quer ele tenha um direito legítimo ou não, não prejudica o direito dos povos de concederem essa mesma coroa a quem quiserem" (*Ibidem*, p. 267).

"O poder legislativo tem sempre necessariamente de ser arbitrário, mas não deverá ser confiado a pessoas que não sejam obrigadas a obedecer elas próprias às leis que elaborem" (*Ibidem*, p. 382).

"O poder coercitivo, ou seja, a autoridade para obrigar à obediência às leis, cabe ao parlamento" (*Ibidem*, p. 389).

Jean Domat *(1625-1695), jurisconsulto francês, advogado da Coroa no Tribunal de Clermont-Ferrand. Entre as suas obras conta-se o* Traité des Lois *(n. ed. , Paris, 1828) e* Les Lois Civiles dans leur Ordre Naturel *(n. ed. , Paris, 1828).*

"As leis imutáveis são assim chamadas porque naturais e de tal modo justas, sempre e em toda a parte, que nenhuma autoridade pode modificá-las, ou aboli-las. As leis arbitrárias são aquelas que uma autoridade legítima pode estabelecer, mudar ou abolir, segundo as necessidades" (*Traité des Lois* cit. , Cap. XI, 1).

"As leis naturais constituem verdades que a natureza e a razão ensinam aos homens, cujas justiça e autoridade obrigam a observá--las, ninguém podendo excusar-se a essa observância por ignorar essas leis. Ao contrário, as leis arbitrárias são factos naturalmente desconhecidos pelos homens, não obrigando senão depois de publicadas. Donde se segue que as leis naturais regem todo o futuro e todo o passado, enquanto as leis arbitrárias não respeitam ao passado, que se rege pelas leis precedentes, e não produzem efeitos senão para o futuro" (*Ibidem*, Cap. XII, 1).

"As leis são regras da ordem universal da sociedade, pelo que nenhuma lei pode ser feita para servir apenas uma só pessoa ou um único caso... As suas disposições contemplam todas as pessoas e todos os casos que compreendem" (*Ibidem*, 16).

Jacques-Bénigne Bossuet — *Continuação dos Textos do I Volume, pp. 110-112*

"Apenas a autoridade do governo pode pôr freio às paixões e à violência... A ordem é o freio da licença. Quando cada um faz o que deseja e não tem por regra senão a sua vontade, a confusão é completa" (*Politique tirée des propres paroles de l'Écriture Sainte*, ed. Genève, 1967, Livro I, p. 18).

"Não basta que o príncipe ou o magistrado soberano resolva os casos que se lhe deparam segundo a ocorrência, é preciso estabelecer regras gerais de conduta, a fim de que o governo seja constante e uniforme. É a isso que se dá o nome de leis. Todas as leis são fundadas sobre a primeira de todas, que é a da natureza, quer dizer sobre a recta razão e sobre a equidade... O interesse e a paixão corrompem os homens. A lei é desprovida de interesse e desprovida de paixão" (*Ibidem*, pp. 23-24).

"Todos os povos quiseram atribuir às suas leis uma origem divina... Há leis fundamentais que não se pode mudar; e é muito perigoso mudar sem necessidade mesmo aquelas que não o são... Perde-se a veneração pelas leis quando mudam muitas vezes... Quando as leis são variáveis e sem consistência deixam de ser leis" (*Ibidem*, pp. 27-29).

"Não há nenhuma forma de governo, nem nenhum estabelecimento humano, que não ofereça inconvenientes, de modo que nos devemos conservar no Estado ao qual um longo período acostumou o povo. É por isso que Deus toma sob sua protecção todos os governos legítimos, seja qual for a forma por que se instalaram" (*Ibidem*, Livro II, pp. 59-60).

"O príncipe inútil, do ponto de vista do bem do povo, é punido, tal e qual como o pérfido que o tirnisa. Com efeito, cons-

Textos de Filosofia do Direito

titui regra da justiça divina que se castiguem não apenas os servidores violentos, que abusam do poder que lhes foi concedido, mas também os servidores inúteis... a lançar nas trevas exteriores... onde há lágrimas e ranger de dentes" (*Ibidem*, Livro III, pp. 78-79).

"Um bom príncipe detesta as acções sanguinárias... As violências e as crueldades, sempre detestáveis, são-no mais ainda quando praticadas por príncipes que receberam por encargo impedi- -las e puni-las (*Ibidem*, pp. 82-83).

"O povo deve temer o príncipe, mas o príncipe não deve recear senão a prática do mal... Se o príncipe teme o povo, tudo está perdido. A fraqueza de Aarão, a quem Moisés deixara o comando enquanto se dirigia à montanha, foi a causa da adoração do bezerro de ouro... Moisés imputou o crime do povo a Aarão, que não o reprimiu, quando tinha poder para fazê-lo... É ser inimigo do povo não lhe resistir em certas ocasiões" (*Ibidem*, Livro IV, p. 99) .

"O povo deve conhecer a lei, sem dúvida, pelo menos nos seus pontos principais, e procurar esclarecer-se no mais nas ocorrências, posto que a deve praticar. Mas o príncipe que, além disso, deve fazê-la praticar aos outros, e julgar segundo o que ela determina, tem de conhecê-la bem melhor" (*Ibidem*, Livro V, pp. 127-128).

"O príncipe deve conhecer os homens... O que é mais importante para ele é saber o que deve acreditar-se dos homens e para que servem... Sobretudo é preciso que conheça os cortesãos... Um príncipe imponderado, não sabendo escolher os homens, emprega aqueles que o acaso, a ocasião ou o seu humor lhe facultam... E o príncipe que escolhe mal é punido através da sua mesma escolha" (*Ibidem*, pp. 131-132).

"Quem quiser bem julgar sobre o futuro deverá consultar os tempos passados... O que será? O que já foi. O que foi feito? O que se fará. Nada é novo sob o Sol (Eclesiastes, I, 9-10)... Quem conhece o passado pode conjecturar sobre o futuro... Não escutai os vãos e infinitos discursos que não sejam baseados na experiência. Só o passado poderá ensinar-vos e garantir-vos o futuro. Daí que a Escritura recomende sempre os conselhos dos velhos experientes" (*Ibidem*, pp. 159-160).

"Não designarei por majestade a pompa que rodeia os reis, ou o brilho exterior que deslumbra a gente vulgar. Isso será apenas um transbordar da majestade, e não a majestade em si mesma. A majestade é a imagem da grandeza de Deus projectada no príncipe" (*Ibidem*, p. 177).

"Só não é devida obediência ao príncipe quando ele ordena em ofensa de Deus... A obediência é devida a cada um segundo o seu grau, pelo que não se deve obedecer ao governador contrariamente às ordens do príncipe. Ora acima de todos os impérios acha-se o império de Deus. A bem dizer, trata-se do único império absolutamente soberano, do qual todos os outros dependem, e é dele que proveem quaisquer poderes. Como se deve obedecer ao governador, se nas suas ordens nada parece contrário às ordens do rei, também se deve obedecer às ordens do rei, se nelas nada parecer contrário às ordens de Deus. Mas, e pela mesma razão, assim como não se deve obedecer ao governador contra as ordens do rei, menos ainda se deverá obedecer ao rei contra as ordens de Deus" (*Ibidem*, Livro VI, pp. 193-194).

"Os povos onde não há religião também não teem polícia, nem verdadeira subordinação, mostram-se inteiramente selvagens. Os homens, não sendo dominados pela própria consciência, não podem oferecer condições de segurança uns aos outros. Nos impérios onde as histórias referem que os sábios e os magistrados desprezam a religião, e não teem Deus nos seus corações, os povos são conduzidos por outros princípios, e teem um culto público. Se, contudo, se nos deparasse um povo onde se instalasse um governo sem qualquer religião (o que não acontece e não parece poder acontecer), importaria aí preservar o bem da sociedade, tanto quanto possível. E esse estado sempre valeria mais do que uma absoluta anarquia, que é o estado de guerra de todos contra todos" (*Ibidem*, Livro VII, p. 216).

"O sacerdócio no espiritual e o império no temporal não dependem senão de Deus. Mas a ordem eclesiástica reconhece o império no temporal, assim como os reis, no espiritual, se reconhecem humildes filhos da Igreja" (*Ibidem*, pp. 259-260).

"Sob um Deus justo, não há poder puramente arbitrário... Não haverá poder independente, pela sua natureza, de toda e qualquer lei natural, divina ou humana. Não haverá poder, na terra, que não se subordine à justiça divina. Todos os juízes, e mesmo os mais soberanos, que Deus, por essa razão, designa por deuses, são examinados e corrigidos por um juiz superior a eles... Assim, todos os julgamentos ficam sujeitos a revisão, perante um mais augusto tri-

Textos de Filosofia do Direito

bunal... Os juízes da terra mostram-se pouco atentos a esta revisão dos seus julgamentos, porque não produz efeitos sensíveis e se projecta numa outra vida. Mas nem por isso ela será menos implacável... Quando o tempo desses julgamentos divinos vier... não recebereis socorros... porque então o juiz é Deus... A implacável revisão dos julgamentos humanos far-se-á num tempo em que a justiça será completamente pura, exercendo-se com pleno e inexorável rigor... em relação aos pecadores endurecidos e incorregíveis, mas, sobretudo, em relação aos juízes injustos" (*Ibidem*, Livro VIII, pp. 290-291).

"O governo estabelece-se para libertar todos os homens de toda e qualquer opressão, de toda e qualquer violência... E daí resulta o estado de completa liberdade, porquanto, afinal, nada há de menos livre do que a anarquia, que nega aos homens qualquer pretensão legítima e não conhece outro direito que não seja o da força" (*Ibidem*, p. 293).

"As vias da justiça são fáceis de conhecer. O caminho da justiça não é daqueles caminhos tortuosos que, semelhantes a labirintos, vos fazem recear de tudo perder... A justiça não se esconde. É certo que, em numerosos pontos, ela depende das leis positivas. Mas a linguagem da lei é simples, sem pretender brilhar nem afinar, querendo apenas ser clara e precisa" (*Ibidem*, pp. 300-301).

"A justiça deve ficar ligada a regras, ser firme e ser constante. De outro modo, seria desigual... Tem de desfazer as cabalas da iniquidade... e, para isso, ser não apenas forte, mas invencível e intrépida... Quando o respeito que se conserva pelo nome de justiça enfraquece, ela é exercida apenas em parte, e somente para salvar as aparências... A justiça a meias é apenas uma justiça colorida, e extremamente perigosa" (*Ibidem*, pp. 302-305).

Giambattista Vico *(1668-1744), napolitano, filho de um livreiro pobre, formou-se em Direito na Universidade de Nápoles, na qual foi professor de Retórica. Muito doente desde a infância, rodeado de dificuldades, nomeadamente de ordem familiar, os seus méritos, sobretudo ao nível da Filosofia da História, foram reconhecidos amplamente, e não obstante as posições menos ortodoxas de Vico, quando recebeu o cargo de historiógrafo do Reino de Nápoles. Entre as obras de Vico contam-se:* De Antiquissima Italorum Sapientia *(1710);* De Rebus Gestis Antonii Caraphaei *(1716);* De Uno Universi Iuris Principio et Fine Uno *(1.ª, versão, 1720);* Principi di Scienza Nuova *(1.ª versão, 1725, 3.ª ed. refundida, 1744). Vico é representativo do iluminismo setecentista.*

"Se a Lei das XII Tábuas reflectiu os costumes dos povos do Lácio, costumes que os Romanos fixaram no bronze e a jurisprudência romana conservou religiosamente, enquanto os mesmos não deixaram de mudar noutras partes... a referida Lei constitui um importante testemunho sobre o antigo direito natural dos povos do Lácio" (*Principi di Scienza Nuova*, Livro I, Secção II, XIX).

"Se os dois poemas de Homero constituem a história civil dos antigos costumes da Grécia, são para nós dois magníficos tesouros do direito natural dos povos da Grécia" (*Ibidem*, XX).

"... Não obstante a diversidade e a variedade de costumes, a evolução (da história das nações) foi de uma perfeita uniformidade e percorreu três épocas pelas quais, segundo os Egípcios, o mundo passou: a idade dos deuses, a idade dos heróis e a idade dos homens... Assim, os povos revelaram sucessivamente três naturezas... das quais resultaram três tipos de costumes, que deram lugar a três espécies de direitos naturais das gentes" (*Ibidem*, Livro IV, Introdução).

Textos de Filosofia do Direito

"... A primeira natureza viu em todos os objectos outras tantas substâncias animadas pelos deuses... Os homens... foram aterrorisados pelos deuses que eles próprios tinham forjado... A segunda natureza foi heróica e os heróis atribuiram-lhe uma origem divina... A terceira natureza, enfim, foi humana, inteligente, generosa e razoável, reconhecendo por leis a consciência, a razão e o dever" (*Ibidem*, Secção I).

"O primeiro direito foi divino... O segundo foi heróico e fundado na força, mas uma força moderada pela religião... O terceiro foi humano e ditado por uma razão situada ao nível do seu pleno desenvolvimento" (*Ibidem*, Secção III).

"Os primeiros governos foram divinos... tudo dependia de um comando divino... É a época dos oráculos... Os segundos foram heróicos, ou aristocráticos... Os terceiros governos foram humanos. Por efeito da partilha igual da inteligência, que é própria da natureza humana, os homens aí atingem a igualdade perante a lei" (*Ibidem*, Secção IV).

José Gomes da Cruz *(1683 - ?), natural de Lisboa, juiz de fora em Sesimbra, Barreiro e Azeitão, juiz dos órfãos do Bairro Alto, Superintendente das décimas, depois advogado em Lisboa, membro da Real Academia da História. Publicou, além de numerosas peças forenses, um "Dialogo Apologetico, Moral e Critico, ornado para instruçam do Ministro principiante, que deseje salvar-se no officio belissimo e excelente de julgar, que he o mais perfeito, meritorio, de todos os empregos politicos, se se exercita com perfeição" (Lisboa, 1761).*

"Entra V. M. no emprego excelente entre os mayores, que há na vida civil; porque he um ministerio de Deus o officio de julgar; e são no sentido methaforico, os Ministros no mundo semideozes na terra. Pondere V. M. qual deve ser a perfeição das virtudes, para o desempenho deste ministerio, para o proporcionar, como deve, com a excelencia da pessoa comparada; e dilatando a imaginação para medir a queda pela emminencia, de que principia, receye a profundidade, em que parará o precipicio. He emprego excelente, tanto como arriscado, e tão feliz, louvavel, meritorio, e Santo, nos olhos de Deos, se se exercita dignamente, como infeliz, se se pratica com indignidade. Fataes são as penções neste officio, no qual a mayor parte dos preceitos tem encargo de restituição, sem a qual, sendo possível, perigará a salvação do Ministro. Já estas ponderações bastavão para justificar a importancia que tenho aconselhado a V. M.; mas ainda lhe direy (e enthezoure V. M. na memoria, e no coração esta verdade) que no Juizo justissimo de Deos será o Ministro julgado pello que obrou, e pello que deixou de fazer, e o devia, e podia obrar. Pello que determinou bem, pondo-se no perigo proximo de o determinar mal. Pella sentença dictada com o coração bem inten-

Textos de Filosofia do Direito

cionado no conceito proprio, mas negligente nos exames precizos; e athe pello que castigou com Justiça, se nella contrhaio ommissão, ou offendeo com o impulso do animo apaixonado, a ley da caridade fraternal" (*Ob. cit.*, pp. 35-36).

Voltaire — *Continuação dos Textos do I Volume, pp. 142-143*

"Para que uma sociedade sobrevivesse, eram precisas leis, como são precisas regras para qualquer jogo. Mas a maior parte dessas leis parecem arbitrárias, dependendo dos interesses, das paixões e das opiniões daqueles que as inventaram ou da natureza do clima sob o qual os homens se juntaram em sociedade. Num país quente, em que o vinho convidaria à violência, julgou-se conveniente considerar criminoso bebê-lo; em climas frios, a embriaguez não será desonrosa. Numa região, cada homem deverá conformar-se com uma só mulher, noutra terá tantas quantas se ache em condições de sustentar. Naguns países, pais e mães convidam os estrangeiros a terem trato carnal com as filhas, em quase todos os outros, uma rapariga que se entregue a um homem é julgada desonrada. Em Esparta favorecia-se o adultério, em Atenas era punido com a morte... Mas todos os povos, que se conduzem em termos tão diversos, têm em comum que designam por virtuoso o que está conforme com as leis por eles estabelecidas, e por criminoso o que lhes é contrário. Assim, um homem que, na Holanda, se oponha ao poder arbitrário será um varão muito virtuoso, enquanto aquele que, em França, queira proclamar um governo republicano será condenado ao último suplício. O mesmo judeu que, em Metz, seria enviado para as galeras por ter duas mulheres, teria quatro em Constantinopla e seria, por isso, beneficiado pela estima dos muçulmanos... A virtude e o vício, o bem e o mal, do ponto de vista ético, é, pois, em qualquer país, o que se julga útil ou prejudicial para a sociedade... No entanto, parece-me certo que há leis naturais que os homens são obrigados a aceitar em todo o universo... Não porque Deus tenha ditado as leis aos homens... mas porque ao homem

Textos de Filosofia do Direito

foram dados certos sentimentos de que não pode apartar-se e que constituem vínculos eternos e as primeiras leis da sociedade... A benevolência em relação à nossa espécie... actua sempre em nós... Assim, um homem está sempre disposto a socorrer outro homem, quando isso não envolva sacrifício... Em nenhuma nação será considerado permitido faltar à palavra... Desde que os bens não sejam comuns, desde que se separe o teu e o meu, tornar-se-á impossível não reconhecer o roubo contrário à sociedade e, portanto, injusto... Todos amamos a verdade, e dela fazemos uma virtude, porque é do nosso interesse não sermos intrujados" (*Traité de Métaphysique*, Cap. IX, in "Mélanges", Paris, 1961, pp. 196-198).

David Hume *(1711-1776), escocês, filósofo céptico , histo-*
riador e economista. Exerceu funções de bibliotecário em Edim-
burgo e foi secretário de Embaixada em Paris. Conhecido sobre-
tudo pela sua "History of England" (1759), já antes publicara
"A Treatise of Human Nature" (1735-1740), "An Enquiry concer-
ning Human Understanding" (1748) e "An Enquiry concerning the
Principles of Morals" (1751). O seu acentuado subjectivismo
valeu-lhe acusações de impiedade ateia, que lhe terão vedado o
acesso a uma cátedra universitária. A analogia mecanicista terá
pesado muito no seu espírito, pelo que pretendeu que as ciências do
espírito se desenvolvessem pela adopção da metodologia própria
da física newtoniana.

"Seria supérfluo intentar a prova de que a Justiça é útil à
sociedade, e que, em consequência, uma parte, pelo menos, do seu
mérito resulta dessa consideração" (*An Enquiry concerning the
Principles of Morals*, Seccão III, 1.ª Parte).

"Para estabelecer leis com vista a disciplinar a propriedade,
deveremos conhecer a natureza e a situação do homem, rejeitar
meras aparências que, embora sedutoras, podem ser falsas, e procurar regras que sejam, no seu conjunto, as mais úteis e as mais
benéficas... Quem não reconhecerá, por exemplo, que todo o
homem que produz, ou aperfeiçoa, pela arte e pelo trabalho, deve
beneficiar para sempre de garantias, a fim de estimular práticas e
realizações particularmente úteis? E que a propriedade deverá
transmitir-se aos filhos e à família, na mesma perspectiva de utilidade? E que essa propriedade pode ser alienada, por consentimento,
a fim de criar um comércio e relações que são muito benéficos para
a sociedade humana? E que todos os contratos e promessas deverão

Textos de Filosofia do Direito

ser escrupulosamente cumpridos, a fim de estabelecer uma confiança mútua pela qual o interesse geral da humanidade é melhor servido?" (*Ibidem*, 2.ª Parte).

"A utilidade pública reclama que a propriedade seja disciplinada por regras gerais inflexíveis... Alguns sustentaram que a justiça provem de convenções humanas e de uma escolha, do consentimento ou de uma combinação voluntária dos homens. Se por convenção se entender uma promessa (e é o sentido mais comum do termo) nada mais absurdo do que tal posição... Mas se por convenção entendermos um sentido de interesse comum, sentido que cada homem alberga no seu coração... deverá reconhecer-se que, com tal significado, realmente, a justiça provem de convenções humanas" (*Ibidem*, Apêndice III).

Adam Smith *(1723-1790), filósofo e economista escocês, professor de filosofia moral, ética, jurisprudência e política, na Universidade de Glasgow, publicou, entre outras obras, "The Theory of Moral Sentiments" (1759) e a sua célebre "Inquiry into the Nature and Causes of Wealth of Nations" (1776), que está na base de todas as escolas ditas liberais.*

"Os homens podem viver em sociedade com algum grau tolerável de segurança, mesmo sem haver magistrados que os protejam da injustiça das paixões. Mas a avareza e a ambição dos ricos, a aversão dos pobres ao trabalho e o seu gosto pelas facilidades imediatas e pelos divertimentos, são as paixões que predispõem para o desrespeito da propriedade... A prosperidade do rico excita a indignação do pobre, que é levado muitas vezes pela necessidade e pela inveja, ao mesmo tempo, a invadir as possessões daquele. É apenas sob a protecção do magistrado que o possuidor de bens avultados, adquiridos pelo esforço de muitos anos, ou até de muitas gerações sucessivas, pode dormir uma só noite em segurança... A aquisição de propriedade valiosa e extensa requer, necessariamente, o estabelecimento de um poder civil. Onde não houver propriedade ou onde o valor dela não exceda dois ou três dias de trabalho, o estabelecimento de um poder civil não será tão necessário... O poder civil reclama uma certa subordinação... cujas causas parece serem quatro. A primeira... consiste na superioridade de qualificações pessoais, de força, de beleza, de agilidade de corpo, de inteligência e de virtude, de prudência, de justiça, de fortaleza e de moderação... A segunda das causas... é a superioridade de idade... A terceira... é a superioridade de fortuna... A quarta... é a superioridade de nascimento. A superioridade de nascimento

Textos de Filosofia do Direito

pressupõe uma antiga superioridade de fortuna da família respectiva... A grandeza recente é sempre menos respeitada do que a grandeza antiga" (*An Inquiry into the Nature and Causes of the Wealth of Nations*, Livro V , I) .

"A justiça nunca foi administrada gratuitamente. Os advogados e os solicitadores devem sempre ser pagos pelas partes. E, se assim não fosse, eles haviam de cumprir os seus deveres ainda pior do que o fazem... A função de juiz, essa, é em si mesma tão honrosa que os homens se mostram propensos a aceitá-la, mesmo qando lhe correspondam muito reduzidos emolumentos" (*Ibidem*).

Jeremias Bentham — *Continuação dos Textos do I Volume, pp. 174-175*

"Sou partidário do princípio da utilidade, quando faço depender a minha aprovação ou a minha reprovação de um acto, privado ou público, da sua vocação para produzir *penas* ou *prazeres*... Bem entendido que tomo estas palavras *penas* e *prazeres* no seu significado vulgar, sem inventar definições arbitrárias para excluir certos prazeres ou para negar a existência de determinadas penas. Nada de subtilezas, nada de metafísica. Não será preciso consultar Platão nem Aristóteles. Pena e prazer são o que cada um sente como tais, quer se trate de um camponês ou de um príncipe, de um ignorante ou de um filósofo. Para o partidário do princípio da utilidade, a virtude não é um bem senão pelos prazeres que dela derivam, e o vício é um mal apenas pelas penas que dele se seguem. O bem moral só é bem pela tendência para produzir bens físicos; o mal moral só é mal pela tendência para produzir males físicos. Contudo, quando me refiro a *físicos*, incluo tanto as penas e os prazeres da alma como as penas e os prazeres dos sentidos... Se o partidário do princípio de utilidade encontrasse, no catálogo banal das virtudes, uma acção de que resultassem mais penas que prazeres, ele não hesitaria em considerar essa pretensa virtude como um vício... Se ele encontrasse também no catálogo banal dos delitos alguma acção indiferente, algum prazer inocente, não hesitaria igualmente em situar esse pretenso delito na categoria dos actos legítimos, concedendo a sua piedade para os pretensos criminosos e reservando a sua indignação para os pretensos virtuosos que os perseguem" (*Traités de Législation Civile et Pénale, Ouvrage extrait des manuscrits de M. Jérémie Bentham, par Et. Dumont*, 2.ª ed., I, Paris, 1820, pp. 4-5).

Textos de Filosofia do Direito

"Toda a lei é um mal, porque toda a lei constitui uma quebra de liberdade... O governo terá de escolher entre dois males... o mal do delito e o mal da lei" (*Ibidem*, p. 75).

"A lei deve ser clara, quer dizer que crie no espírito uma ideia que represente exactamente a vontade do legislador, e deve ser concisa, a fim de se fixar facilmente na memória" (*Ibidem*, III, p. 391).

"Não devem introduzir-se num corpo de leis senão, tanto quanto possível, termos de direito familiares ao povo. Sendo necessário o emprego de termos técnicos, deverá haver o cuidado de defini-los no próprio corpo das leis" (*Ibidem*, p. 397).

Joseph de Maistre — *Continuação dos Textos do I Volume, p. 178.*

"Afirmar que a soberania não vem de Deus porque Ele se serve dos homens para estabelecê-la, é como dizer que Deus não é o criador do homem porque todos temos um pai e uma mãe" (*De la Souveraineté du Peuple — Un Anti-Contrat Social*, Livro I, Capítulo I).

"Constitui erro capital imaginar um estado social como um estado de preferência, fundado no consentimento dos homens, na base de uma deliberação e de um contrato primitivo que é impossível... Quando se fala de estado de natureza, por oposição a estado social, sai-se voluntariamente do caminho da razão... A natureza do homem está em ser um animal inteligente, religioso e sociável" (*Ibidem*, Capítulo II).

"Um dos grandes erros deste século consiste em julgar que a constituição política dos povos é uma obra puramente humana, que se pode fazer uma constituição como um relojoeiro faz um relógio. É completamente falso, e mais ainda que tal grande obra possa ser executada por uma assembleia de homens... O que há de seguro é que a constituição civil dos povos nunca resulta de uma deliberação. Quase todos os grandes legisladores foram reis..." (*Ibidem*, Capítulo VII).

"Que me importa que, durante a horrível tirania que dominou a França, os filósofos, receosos das suas vidas, se tenham refugiado numa prudente solidão? A partir do momento em que formularam princípios susceptíveis de engendrarem todos os crimes, esses mesmos crimes são a sua obra, porque os criminosos são os seus discípulos... Filósofos! Nunca vos desculpareis, por terdes lamentado os efeitos, de terdes produzido as causas" (*Ibidem*, Capítulo XIII).

Textos de Filosofia do Direito

"Se se perguntar qual é o governo que melhor corresponde à natureza do homem, a História responderá que é a monarquia. Esse governo, sem dúvida, oferece inconvenientes, como todos os outros. Mas todas as declamações de que os livros andam cheios sobre os seus abusos causam dó. É o orgulho que as dita, e não a razão... Se essas dissertações teem por fim sentir mais vivamente os abusos aos infelizes obrigados a suportá-los, trata-se de um passatempo cruel; se se procura suscitar a revolta contra um governo ajustado à natureza dos homens, trata-se de um crime sem nome... Procurando mesmo evitar todos os exageros, poderá assegurar-se que o governo de um só é aquele em que os vícios do soberano menos influem nos povos governados... Os privilégios da aristocracia correspondem a uma lei natural. Mas uma das grandes vantagens do governo monárquico consiste em fazer perder à aristocracia, tanto quanto a natureza das coisas o que permite, tudo o que ela pode representar de ofensivo para as classes inferiores" (*Ibidem*, Livro II, CapItulo II).

"Poderá dizer-se, em termos gerais, que todos os governos não monárquicos são aristocráticos, porque a democracia não é senão uma aristocracia electiva" (*Ibidem*, Livro II, Capítulo III).

"Que argumentos não se podem acumular no sentido de estabelecer que a soberania vem do povo! E, no entanto, não é assim. A soberania é sempre *conquistada*, nunca *outorgada*... Quem não diria que a melhor constituição política é a que foi deliberada e escrita por homens de Estado com perfeito conhecimento do carácter da nação e que tenham previsto todos os casos? Pois nada mais falso. O povo melhor formado é o que menos leis constitucionais tenha escrito. E toda a constituição escrita é nula" (*Les Soirées de Saint-Petersbourg*, 9.ª Conversação, 3.ª ed. , Lyon, 1836, II, p. 138).

Claude Emmanuel Pastoret *(1756-1840), jurisconsulto, magistrado e político francês, publicou, entre outras obras, "Des Loix Pénales" (Paris, 1790).*

"Punir é um direito terrível. E os povos modernos sentiram, mesmo nas repúblicas, que é menos perigoso confiá-lo a uma classe escolhida de cidadãos do que a todos universalmente. As impressões falsas transmitem-se muito facilmente nas assembleias populares, onde, excitadas pela inveja e pela perversidade, quase sempre são recebidas pela mesma inveja e pela ignorância. Quantas vezes aí foram imoladas a coragem e a virtude... Desde que o povo romano quis exercer ele próprio, directamente, o direito de punir, todas as paixões e todos os interesses presidiram aos julgamentos... Numa monarquia bem ordenada, o direito de punir não caberá nunca ao príncipe, cujo nome deverá evocar ideias de paz e de benemerência, não de perturbações e de severidade... Em França, o rei nunca pune... Seria impossível, de resto, que o rei aplicasse uma pena, posto que ele figura no processo como parte, sendo em seu nome que a acção criminal é promovida. Talvez mesmo, de harmonia com tal reflexão, seja inconsequente conceder-lhe o direito de graça, pois, de tal modo, ele acusa e pode absolver" (*Ob. cit.*, vol. I, pp. 23-35).

"Ser justo e ser bom são da essência do ente supremo, mas, para os homens, a clemência deixa de ser uma virtude quando não se acha ligada à justiça. O direito de perdoar é o de subtrair à lei, constituindo, por isso, uma violação da mesma... Concedendo graça, esquece-se não apenas o objectivo de punir mas também se priva o ofendido de uma satisfação e a sociedade de um exemplo... A esperança da impunidade constitui um dos mais fortes incentivos

Textos de Filosofia do Direito

ao crime... O direito de perdoar é uma censura tácita à lei... e é, necessariamente, parcial (*Ob. cit.*, vol. I, pp. 35-40).

"Invoquei a necessidade absoluta como a única explicação possível para a pena de morte. E sinto-me forçado a concordar com Rousseau no sentido de que a sociedade deve sacrificar o culpado quando não pode conservá-lo sem risco. Então tudo cede ao repouso público e à utilidade geral. Ora há um crime de tal modo marcado por essa característica que se torna impossível respeitar os dias do celerado que o tenha cometido. Refiro-me a essas conspirações secretas, a esses levantamentos tumultuosos, que ameaçam a pátria. Se não se fizer, imediatamente, fazer cair as cabeças dos facciosos e dos principais conjurados, de todos os que tenham nas mãos os fios obscuros com que a trama foi urdida, a república estará verdadeiramente em perigo e sem pronto remédio ela poderá ser subvertida" (*Ob. cit.*, vol. I, pp. 50-51).

"O efeito da pena perde-se quando ela contraria a opinião pública... Que a opinião geral também não sirva de pretexto para condenar..." (*Ob. cit.*, vol. II, pp. 157-160).

Silvestre Pinheiro Ferreira *(1769-1846), político e publicista português de feição liberal, cujas simpatias pela Revolução Francesa o forçaram a emigrar, o que, no entanto, não obstou a que fôsse investido em funções diplomáticas, em representação de Portugal. Chegou a ser ministro de D. João VI e, tendo vivido durante longas temporadas no estrangeiro, grande parte da sua obra foi escrita e publicada noutros países e noutras línguas.*

"A palavra direito designa, em geral, toda e qualquer vantagem cujo gozo seja compatível com o princípio do justo. O princípio do justo consiste em não fazer senão o que produza o maior bem possível para todos os interessados em geral e para cada um em particular... Chamam-se direitos imperfeitos aqueles para satisfação dos quais o constrangimento, em caso de recusa, determinaria mais malefícios que benefícios... As leis fundamentais definem e sancionam os direitos naturais reconhecidos pelo Estado, como condições imutáveis de todas as outras leis" (*Précis de Cours de Droit Public*, Introdução, Cap. I, I, Lisboa, 1845, pp. 1-4).

"A liberdade individual pode ser considerada relativamente à permanência do cidadão, à sua indústria, à manifestação dos seus pensamentos ou à sua correspondência, ou dentro ou fora do país. A ligação dos homens em sociedade retira a sua força do pacto social, quer dizer, de uma convenção que, se não tivesse sido livremente contratada, não ofereceria nenhuma garantia de duração, salvo a impossibilidade do escravo de libertar-se pela força ou pela habilidade. O pacto social só é julgado livremente consentido na medida em que cada uma das partes aí entendeu encontrar vantagem. Donde se segue que se uma das partes vier a reconhecer esse pacto como prejudicial para os seus interesses, a associação, faltan-

Textos de Filosofia do Direito

do-lhe a base, não poderia subsistir... A liberdade de pensamento não poderá ser garantida aos cidadãos senão no pressuposto de uma educação honesta e de uma instrução esclarecida, susceptíveis de os pôr ao abrigo de todas as falsas sugestões e de os libertar de todas e quaisquer tiranias... Ninguém terá poder para impor, ou para proibir, a um cidadão, uma determinada actividade profissional. A lei apenas poderá, e deverá, exigir que se tenha uma qualquer, donde se aufiram os meios de subsistência. Não ter nenhuma equivale a reconhecer-se vagabundo e, por consequência, perigoso para a sociedade" (*Ibidem*, Cap. II, Secção 2.ª, pp. 10-15).

"A propriedade de tudo quanto seja o fruto do nosso trabalho funda-se em dois motivos de utilidade geral, base de todos os direitos dos homens, a saber: 1.º Porque, se esse direito não fôsse respeitado, ninguém se submeteria às incomodidades do trabalho, porquanto se ficaria sujeito a frustrações. 2.º Porque, não havendo nada de mais natural do que repelir pela força a violência de quem intentasse privar-nos do fruto dos nossos labores, os homens viveriam permanentemente em estado de guerra, como acontece com os povos selvagens" (*Ibidem*, Secção 3.ª, p. 17).

François Guizot *(1787-1874). De uma família huguenote, professor de História, tendo servido, como alto funcionário, sob Bonaparte e durante a Restauração, Guizot foi um político e pensador característico da Monarquia liberal e burguesa de Luis-Filipe, em cujo reinado desempenhou funções ministeriais por longos períodos. Na sua vasta obra reflectem-se igualmente a formação protestante e a lembrança dolorosa do pai, guilhotinado pelo Terror.*

"Na origem de todos os poderes encontra-se a força... Contudo, tal origem, ninguém a quer, todos a renegam... Um instinto invencível adverte os governos de que a força não fundamenta um direito e que, se eles só tivessem origem na força, o direito nunca daí poderia resultar... Esse facto, só por si, prova que a força não constitui o fundamento da legitimidade política, e que esta há-de assentar numa outra base" (*Histoire de la Civilisation en Europe*, 7.ª ed., Paris, 1863, pp. 70-71).

"A essência do governo não reside na coacção, no emprego da força. O que a constitui, antes de mais, é um sistema de meios e de poderes concebido com o fim de descobrir o que convem fazer, em cada momento, para descoberta da verdade sobre quem tem o direito de governar a sociedade, para fazê-la penetrar nos espíritos e fazê-la adoptar voluntariamente, livremente" (*Ibidem*, pp. 135-136).

"Há nas instituições da Igreja um facto no qual, geralmente, pouco se tem reparado. É o seu sistema penitenciário, sistema tanto mais curioso para estudar na actualidade quanto é certo que ele se apresenta, quanto aos princípios e às aplicações do direito penal, quase inteiramente de acordo com as ideias da filosofia moderna... Abrindo os livros (dos publicistas reformadores), por exemplo, os do Senhor Bentham, ficareis admirados das semelhanças que

Textos de Filosofia do Direito

encontrareis entre as soluções penais que eles propõem e as que foram adoptadas pela Igreja" (*Ibidem*, pp. 169-170).

"A realeza é muito diversa da vontade de um homem, ainda que assim se apresente. Ela é a personificação da soberania do direito, dessa vontade essencialmente razoável, esclarecida, justa, estranha e superior a todas as vontades individuais, e que, por isso mesmo, tem o direito de governá-las. Tal é o sentido da realeza no espírito dos povos, tal é o motivo da sua adesão a essa mesma realeza... Assim, há períodos em que só a realeza pode retardar a dissolução da sociedade e períodos em que só ela pode acelerar a sua formação. E nos dois casos isso acontece porque ela representa mais claramente, mais poderosamente que qualquer outra forma, o soberano de direito" (*Ibidem*, pp. 252-258).

"Não tendo, de modo algum, quebrado o curso natural dos acontecimentos, na Europa, nem a Revolução da Inglaterra nem a nossa disseram, quiseram ou fizeram, fôsse o que fôsse, que não tivesse já sido dito, desejado, feito ou tentado, muitas e muitas vezes, antes da sua eclosão. Elas proclamaram a ilegitimidade do poder absoluto: o livre consentimento em matéria de leis ou de impostos e o direito de resistência, à mão armada, achavam-se no número dos princípios constitutivos do regime feudal, e a Igreja frequentemente repetiu as seguintes palavras de Santo Isidoro de Sevilha que se contêem nos cânones do IV Concílio de Toledo: "Será rei o que reger o seu povo com justiça; se fizer de outro modo não será rei". Elas atacaram os privilégios e procuraram estabelecer mais igualdade na ordem social: o mesmo fizeram os reis em toda a Europa, e, até aos nossos dias, os progressos da igualdade civil assentaram nas leis e foram medidos pelos progressos da realeza. Elas reclamaram que as funções públicas fôssem abertas a todos os cidadãos, sendo atribuídas apenas pelo mérito, e que o poder fôsse concedido por concurso; é esse o princípio fundamental da constituição interna da Igreja, que não só o tem posto em vigor mas também o tem claramente definido. Quer se contemplem as doutrinas gerais das duas revoluções quer as realizações por elas empreendidas, ou se trate do governo do Estado ou da legislação civil, das propriedades ou das pessoas, da liberdade ou do poder, nada se encontrará cuja invenção lhes tenha cabido, nada se encontrará também que não tenha aparecido nos tempos chamados normais, não re-

François Guizot

volucionários… Os princípios, os propósitos, os esforços, que se têem atribuído exclusivamente à revolução da Inglaterra e à nossa não apenas as precederam de alguns séculos; trata-se dos mesmos princípios, dos mesmos esforços, aos quais a sociedade, na Europa, deve todos os seus progressos. Será pelas desordens e pelos privilégios, pela brutalidade da força exercida e pelo envilecimento dos homens sob o seu jugo que a aristocracia feudal participou do desenvolvimento das nações? Não, mas ela lutou contra a tirania real, usou do seu direito de resistência e defendeu os princípios de liberdade. Porque é que os povos abençoaram os seus reis? Terá sido por causa das suas pretensões de direito divino, do seu poder absoluto, das suas prodigalidades, das suas cortes? Não, mas os reis atacaram o regime feudal e os privilégios aristocráticos, uniformizaram a legislação e a administração, contribuiram para os progressos da igualdade. E o clero, donde veio a sua força? Como é que ele concorreu para a civilização? Terá sido apartando-se do povo, temendo a razão humana, sancionando a tirania em nome do céu? Não, mas ele reuniu conjuntamente, nas sua igrejas, e sob a lei comum de Deus, os pequenos e os grandes, os pobres e os ricos, os fracos e os fortes, dignificou e cultivou a ciência, criou escolas, favoreceu a propagação dos conhecimentos e as actividades do espírito… Foi entre os proprietários de feudos, pelas suas relações, pelas suas leis, pelos seus usos, pelos seus sentimentos, pelas sua ideias, que a civilização europeia começou" (*Histoire de la Révolution d'Angleterre*, 5.ª ed. , Bruxelas, 1850, I, pp. 126-128).

Arthur Schopenauer *(1788-1860), filósofo alemão, natural de Dantzig, filho de um comerciante e banqueiro e da romancista Joana Schopenauer. Destinado ao comércio, seguiu cursos de línguas e viajou por diversos países; mas, após o suicídio do pai, estudou medicina e filosofia em diversas universidades, acabando por doutorar-se na de Iena, com uma tese sobre o "Princípio da Razão Suficiente". Escreveu seguidamente, em 1818, a sua obra mais conhecida, com várias edições e traduções — "Welt als Wille und Vorstellung" ("O Mundo como Vontade e Representação"). Chegou a ocupar, por algum tempo, uma cátedra em Berlim. Crítico impiedoso de Hegel, e também discordando frequentemente de Kant, aliando a misantropia, para que terá contribuido uma saúde geralmente precária, com o gosto dos prazeres da vida, dispondo de meios de fortuna, Schopenauer acabou por retirar-se pra Frankfurt, onde continuou a escrever numerosas obras. A teoria do conhecimento de Schopenauer, baseada no poder da vontade, levou-o a conclusões pessimistas, que, no entanto, não deverão qualificar-se como nihilistas, mas antes "quietistas", admissivelmente sob influência das religiões orientais. Entre os escritos de Schopenauer conta-se um ensaio sobre a Metafísica dos Costumes, em cujo capítulo VI se encontram elementos de interesse sobre os problemas da justiça e da filosofia do direito. Reproduzem-se seguidamente algumas passagens dessa "Metaphysic der Sitten" ("Arthur Schopenauers sämtliche Werke", Munique, 16 volumes, 1911-1942, volume X; reimpressão, também de Munique, 1985).*

"A natureza também revelou uma predilecção relativamente ao género masculino quanto à satisfação sexual, pondo o simples prazer do lado do varão e reservando para o lado da mulher os encargos e as desvantagens do caso. A gravidez, as dores do parto, a aleitação respeitam à mulher... E quando o homem pretende tirar proveito destas circunstâncias da natureza, a mulher torna-se o ser mais infeliz do mundo, ao tomar consciência da posição de instrumento de um gozo efémero, a que se seguem, para ela, as referidas moléstias... O seu domínio natural sobre o género masculino, na base do estímulo para a satisfação sexual, dura, aproximadamente, dezasseis anos, Seguidamente, fica desvalida, com as forças físicas e psíquicas reduzidas, e tendo de cuidar dos filhos... Assim, torna--se evidente que quando o homem pretende prevalecer-se das vantagens que a natureza lhe concedeu... sem compensação... estaria afirmando, com a satisfação do impulso sexual, a sua própria vontade de viver... e, ao mesmo tempo, estaria negando a vontade que se manifesta na mulher, praticando, por tal via, uma injustiça... O homem que não queira praticar qualquer injustiça através da sua satisfação sexual deverá prometer à mulher que... nunca a abandonará... mesmo quando desapareçam os seus atractivos... e que cuidará dos filhos... Toda a satisfação sexual que não envolva tais obrigações pressupõe uma injustiça, isto é, a afirmação da própria vontade com negação da vontade alheia... Daqui resulta, da parte da mulher, a obrigação de ser fiel... mas também da parte do varão a obrigação de ser fiel à mulher... Tudo isto provem do direito natural. Mas daqui não se segue a consagração da monogamia, que não provem do direito natural, tendo, sim, origem positiva. Do direito natural deriva apenas o dever do homem de ter uma só mulher enquanto ela se encontre em condições de satisfazer o seu desejo, desejo que ela mesma tenha... E de cuidar da mulher enquanto ela viva... O desejo e a capacidade sexuais duram no homem o dobro do tempo que na mulher... E do direito natural não resulta qualquer obrigação do homem de sacrificar o resto das suas forças e do desejo procreador em homenagem a uma mulher tornada inapta... Não cometerá o homem injustiça alguma se tomar uma segunda mulher mais jovem, desde que possa manter as duas" (*Metaphysic der Sitten* cit., Cap. VI, *Sexualverhältniss*).

"O autêntico direito de propriedade, ou seja, de raiz ética, e não arbitrariamente estabelecido, tem origem, única e exclusivamente, no trabalho" (*Ibidem, Ableitung des Eigenthums*).

Textos de Filosofia do Direito

"A teoria pura do direito constitui, pois, um capítulo da ética e ocupa-se directamente do actuar, que não do suportar. Porquanto apenas pressupõe uma manifestação de vontade e é a esta exclusivamente que a ética respeita" (Ibidem, *Die Bedeutung von Recht und Unrecht ist ein ethische*).

"A teoria kantiana do direito é um trabalho muito mau. Trata-se de um escrito tardio e a sua má qualidade só se explica... pelo envelhecimento que nos reconduz a uma segunda meninice. Essa teoria do direito está tecida num entrelaçado de erros... Constitui seu propósito separar com nitidez o direito da ética, mas sem fazer depender o primeiro da simples convenção, da legislação positiva, ou seja, da coacção arbitrária. Ao contrário, pretende que a noção de direito seja pura e apriorística. Ora isto é impossível, porquanto o actuar só pode ser entendido em relação a dois significados, ou conforme a sua relevância ética ou conforme a sua relação física com os outros... Não há uma terceira perspectiva quanto ao actuar. Portanto, quando Kant diz que o dever jurídico é aquele quanto ao qual posso ser coagido, uma de duas: ou este *posso* há-de entender-se fisicamente, daí se seguindo que todo o direito positivo e arbitrário, assim como todo o arbítrio que o estabeleça, constitui um direito, ou então o tal *posso* há-de ter um sentido ético, e encontrar-nos-emos, de novo, no domínio da ética. Em Kant a noção de direito fica suspensa, entre o céu e a terra, sem solo onde assentar os pés. No meu sistema, o direito integra-se na ética. Por outro lado, a definição kantiana de direito mostra-se puramente negativa, sendo, por isso, insuficiente. Mesmo quando sustento que a noção de direito é um conceito negativo, ponho-o em contraposição à ideia de injustiça, o que pressupõe um ponto de partida positivo, pois não caberá dar uma explicação meramente negativa daquele conceito. E, no entanto, é o que faz Kant, ao afirmar que "o direito é aquilo que se conforma com a coexistência das liberdades dos indivíduos, em conformidade com uma lei universal". A liberdade que aqui se contempla é a empírica, ou seja, física, não a liberdade ética da vontade. Esta liberdade empírica, ou física, respeita apenas ao que não foi proibido, e, portanto, a uma simples negação, Algo semelhante se passa quanto à coexistência. Situamo-nos ao nível das negações grandiloquentes, sem atingir qualquer conceito positivo. Nem sequer entenderíamos de que se trata se não soubéssemos alguma coisa mais por outras vias. São dois os erros capitais de Kant. Só na execução se desenvolvem os aspectos mais correntes, como quanto ao facto de, no estado natural, ou seja, à margem do Estado, não haver qualquer direito de propriedade, o que transforma este num direito positivo, de tal modo que o direito natural fica assegurado pelo direito positivo, quando deveria ser exactamente ao contrário. Assim, a aquisição amparada pelo direito resulta fundamentada pela ocupação. Tem de haver um compromisso ético para que o Estado se ajuste ao imperativo categórico. O fundamento do direito penal há-de encontrar-se na represália. Aliás, o que aqui digo a respeito da teoria kantiana do direito será válido também em relação à maioria dos muitos manuais de direito natural que têm aparecido depois de Kant; os seus erros têm exercido a mais perniciosa das influências" (*Ibidem, Ueber Kants Rechtslehre*).

José da Gama e Castro *(1795-1873), natural de Coimbra, médico em Vila Real, físico-mor do Exército, longos anos exilado, tendo falecido em Paris, publicou, entre outras obras, "O Novo príncipe", cuja 1.ª edição, de Lisboa, se perdeu. A 2.ª edição é de 1841, do Rio de Janeiro.*

"O governo primitivo e natural foi decididamente monárquico... as democracias, e todas as outras qualidades de governo só aparecerão pela destruição das monarquias. O primeiro foi obra da natureza; os últimos foram obra do artifício, da usurpação" (*Ob. cit.*, p. 52).

"Todo e qualquer governo que seja teve e terá sempre por objecto a justiça na administração do poder, a felicidade dos súbditos e a prosperidade do Estado" (*Ob. cit.*, pp. 83-84).

"Toda a nação que, tendo importantes relações exteriores que administrar, e muito especialmente com vizinhos poderosos, não obstante isto se organizar debaixo de forma democrática, pode contar com a perda infalível da sua independência" (*Ob. cit.*, p. 134).

"A religião não foi posta no mundo para proveito de Deus; foi-o para proveito do homem. Logo, o governo que, sob pretexto de tolerância, disser que a causa de Deus não é a sua, e a deixar correr à revelia, é um governo infiel à sua missão, porque não pode fazer a felicidade do povo" (*Ob. cit.*, pp. 239).

João Baptista da Silva Leitão de Almeida Garrett *(1799--1854), escritor português consagrado, dramaturgo, diplomata, estadista liberal.*

"A liberdade do homem social e cidadão é o direito que ele tem de exercer todos os direitos que lhe deu a natureza, uma vez que não ofenda a tranquilidade pública e suas justas leis, nem perturbe a ordem social rectamente constituída. E sua igualdade consiste em ser indistintamente amparado, protegido e castigado pela lei e por seus executores. Tal é o homem social, tão diferente do natural ou abstracto, pois que, deixando preconceitos, o Direito Natural não é mais que uma abstracção necessária nas escolas" (*O Dia 24 de Agosto*, Lisboa, Anno I, 1821, I, ed. Lisboa 1877 de "Escriptos Diversos", p. 19).

"O que nas escolas se chama pacto social é o contrato mútuo de ajuda e socorro que os homens ao juntarem-se em sociedade fazem para sua segurança. A convenção porém, que os cidadãos fazem com o rei é igualmente um contrato, igualmente obrigatório, igualmente sagrado. Por ele se obrigam os cidadãos ao respeito, ao amor e à obediência; por ele se obriga o príncipe à protecção, ao amor e a todos os cuidados paternais; por ele se obriga, finalmente, a cumprir à risca, a observar exactamente, a não omitir um ponto daquelas leis que a vontade da nação expressamente estabeleceu ou tacitamente subentendeu... A nação pode reclamar os seus direitos e usar de todos os meios justos para se manter e restabelecer na posse deles. Mas quais são estes meios justos? As sedições, os tumultos, o desenfreamento, a soltura de uma plebe ignorante e sempre pronta a franquear todos os limites da razão, todas as barreiras da justiça? Não, por certo... Não é o povo em massa, não é a

Textos de Filosofia do Direito

nação em tumulto, sem ordem, sem lei, que deve levantar a voz, bradar pelos seus foros... mas aqueles de seus membros que, por suas virtudes, por suas letras, por seu valor e por sua posição na sociedade, puderem, sem perigo dela, sem perverter a ordem, aclamar a liberdade, que o devem fazer" (*Ibidem*, V, pp. 25-27).

"É muito mais poético o frade que o barão... O barão é, pois, usurariamente revolucionário e revolucionariamente usurário. Por isso é zebrado de riscas monárquico-democráticas por todo o pelo... Ora sem sair dos barões e tornando aos frades, eu digo que nem eles compreenderam o nosso século nem nós os compreendemos a eles... Por isso brigámos muito tempo, a final vencemos nós e mandámos os barões a expulsá-los da terra. No que fizemos uma sandice como nunca se fez outra. O barão mordeu no frade, devorou-o... e escouceou-nos a nós depois... O frade não nos compreendeu a nós, por isso morreu, e nós não compreendemos o frade, por isso fizemos os barões de que havemos de morrer... O frade... assustou-se com a liberdade, que era sua amiga, mas que o havia de reformar, e uniu-se ao despotismo, que o não amava senão relaxado e vicioso, porque de outro modo não lhe servia nem o servia... Quando me lembra tudo isto, quando vejo os conventos em ruínas, os egressos a pedir esmola e os barões de berlinda, tenho saudades dos frades" (*Viagens na minha Terra*, Cap. XII).

"Tal era Frei Diniz... O despotismo detestava-o como nenhum liberal é capaz de o aborrecer; mas as teorias filosóficas dos liberais escarnecia-as como absurdas... As antigas leis, os antigos usos, os antigos homens, não os poupava mais do que os novos. A tirania dos reis, a cobiça e a soberba dos grandes, a corrupção e a ignorância dos sacerdotes, nunca houve tribuno popular que as açoitasse mais sem dó nem piedade. O princípio, porém, da monarquia antiga, defendia-o, já se vê, por verdadeiro, embora fôssem mentirosos e hipócritas os que o invocavam. Quanto às doutrinas constitucionais, não as entendia, e protestava que os seus mais zelosos apóstolos as não entendiam tampouco; não tinham senso-comum, eram abstracções de escola. Agora, do frade é que me eu queria rir... mas não sei como. O chamado liberalismo, esse entendia ele: "Reduz-se, dizia, a duas coisas: duvidar e destruir por princípio, adquirir e enriquecer por fim; é uma seita toda material em que a carne domina e o espírito serve; tem uma força para o mal; bem verdadeiro, real e perdurável não o pode fazer. Curar com uma revolução liberal um país estragado, como são todos os da Europa, é sangrar um tísico...". Dos grandes e eternos princípios da igualdade e da liberdade dizia: "Em eles os praticando deveras, os liberais, faço-me eu liberal também. Mas não há perigo: se os não entendem! Para entender a liberdade é preciso crer em Deus, para acreditar na igualdade é preciso ter o Evangelho no coração" (*Ibidem*, Cap. XIII).

Frédéric Le Play *(1806-1882), diplomado pela Escola Politécnica e pela Escola de Minas, de Paris, onde foi professor, grande viajante, projectou os frutos das suas observações e reflexões em 36 monografias, reunidas sob a epígrafe "Les Ouvriers Européens" (1855), em obediência às exigências metodológicas da "escola de ciência social". Publicou seguidamente "La Réforme Sociale" (1864), donde extraiu "L'Organisation du Travail" (1870), "La Réforme en Europe et le Salut en France" (1876) e "Constitutions Essentielles de l'Humanité" (1881). Le Play não foi apenas teórico. Dirigiu uma grande empresa mineira nos Montes Urais e organizou as exposições universais de Paris, em 1855 e em 1867.*

"A reforma dos costumes não se acha subordinada à invenção de novas doutrinas, porque o espírito de inovação é tão estéril na ordem moral como fecundo na ordem material... Quanto às leis morais... esgotar-nos-íamos em esforços vãos continuando a procurar na mudança de doutrinas o progresso que deverá resultar apenas de uma melhor prática das verdades conhecidas" (*La Réforme Sociale*, Introduction, *Les Idées Preconçues et les Faits*, Cap. III, ed. Paris, 1891, pp. 15-21).

"O estado de natureza, de que tanto se falou no século passado, é uma ideia quimérica, à qual a experiência fez justiça. Quanto às revoluções, raramente serviram de remédio para os povos cujas classes dirigentes se tinham degradado... Elas nunca foram fecundas senão quando seguidas de um longo período de bons costumes e de estabilidade governamental" (*Ibidem*, Cap. IV, p. 23).

"Os nossos economistas e os nossos homens de Estado foram, muitas vezes, impressionados pela instabilidade do nosso regime

Frédéric Le Play

agrícola... Várias escolas políticas e sociais que, desde 1793, dominaram, frequentemente, entre nós, consideraram um progresso a destruição da grande cultura. Contudo, tal opinião assenta apenas em dois exageros e numa ilusão. O primeiro exagero reside nas consequências tiradas do papel deplorável desempenhado, no século XVIII, por alguns grandes proprietários franceses. O segundo exagero está no carácter exclusivo que se quis dar à legítima influência dos pequenos proprietários. A ilusão consiste em julgar que os imperativos do Código Civil determinariam essa injusta transformação da sociedade. Desde 1793 que semelhante erro perturba os espíritos. Sobretudo o dos redactores do Código. Estes, é certo, quiseram consagrar a injustiça e destruir os grandes proprietários. Mas... criando o regime que deveria destruir a grande propriedade, não organizaram um sistema conservador em benefício da pequena... Mais inclinados a demolir do que a edificar,... fizeram passar toda a propriedade rural pela rasoira niveladora da partilha forçada. A consequência, não prevista mas, no entanto, necessária, de tal sistema, tinha de ser a desorganização simultânea... tanto dos grandes proprietários como dos camponeses" (*La Réforme Sociale*, Cap. XXXIV, ed. Paris 1891, pp. 66-68).

Juan Francisco Donoso Cortés, *marquês de Valdegamas (1809-1853), diplomata, orador parlamentar e pensador espanhol, publicou, entre outras obras, o seu "Ensayo sobre el Catolicismo, el Liberalismo y el Socialismo" (1851), que corresponde ao renascimento da visão católica dos problemas políticos, como reacção às orientações características do século XIX.*

"Fora da acção de Deus, não há senão a acção do homem. Fora da providência divina só há a liberdade humana... A liberdade do homem é, ao mesmo tempo, a sua explicação e a explicação de todas as coisas... O livre arbítrio não consiste... na faculdade de escolher entre o bem e o mal... Se o livre arbítrio consistisse nessa faculdade... daí resultaria que o homem seria menos livre quando mais perfeito... o que seria absurdo... E quanto a Deus, não havendo em Deus solicitações contrárias, Ele careceria de toda e qualquer liberdade... O erro... consiste em supor que a liberdade reside na faculdade de escolher, quando ela está na faculdade de querer, o que pressupõe a faculdade de entender. Todo o ser dotado de entendimento e de vontade é livre... E como apenas Deus entende e quer em toda a perfeição, daí se segue, por ilacção forçosa, que só Deus é inteiramente livre... O homem é livre, porque dotado de vontade e de inteligência, mas não inteiramente livre, porque não se acha dotado de um entendimento infinito e perfeito, nem de uma vontade perfeita e infinita... A imperfeição da sua liberdade baseia-se no pendor que tem para seguir o mal e para abraçar o erro. Ou seja, a imperfeição da liberdade humana consiste precisamente na faculdade de escolher entre o bem e o mal" (*Ob. cit.*, Livro II, Cap. I, 3.ª ed., Madrid, 1880, pp. 109-121).

"Sendo uma só a causa da degradação física e da degradação moral, oferecem ambas flagrantes analogias e equivalências nas sua diversas manifestações" (*Ob. cit.*, Cap. V, p. 171).

Alexandre Herculano de Carvalho Araújo *(1810-1877), historiador português de grande projecção e influência na cultura portuguesa do século XIX, de pendor liberal e romântico, que muito contribuíu para o renascimento da investigação histórica no plano do direito português.*

"Que as leis se afiram pelos princípios eternos do bom e do justo, e não perguntarei se estão acordes, ou não, com a vontade das maiorias ignaras" (*Cartas*, I, 3.ª ed., Lisboa, p. 213).

... Que a tirania de dez milhões se exerça sobre um indivíduo, que a de um indivíduo se exerça sobre dez milhões deles, é sempre a tirania, é sempre uma coisa abominável ...A democracia estende constantemente os braços para o fantasma irrealizável da igualdade social entre os homens, blasfemando da natureza, que, impassível, os vai eternamente gerando física e intelectualmente desiguais. É por isto que ela acreditou ter feito uma religião séria desse fantasma, quando o que realmente fez foi inventar a idolatria do algarismo; e, cobrindo com capa de púrpura a mais ruim das paixões, a inveja, enfeitou-a com um vago helenismo" (*Ibidem*, I, p. 214).

"A paixão da liberdade esmorece, porque a absorve e transforma a da igualdade, a mais forte, a quase única, paixão da democracia. E a igualdade democrática, onde chega a predominar, caminha mais ou menos rápida, mas sem desvio, para a sua derradeira consequência, a anulação do indivíduo diante do Estado, manifestada por uma das duas fórmulas, o despotismo das multidões ou o despotismo dos césares do plebiscito" (*Opúsculos*, Lisboa, 1873, I, p. 25).

"Depois de longo combater e de dolorosas experiências políticas, a Europa há-de chegar a reconhecer que o único meio de destruir as dificuldades de situação que a afligem, de remover a

Textos de Filosofia do Direito

opressão do capital sobre o trabalho, questão suprema a que todas as outras nos parecem actualmente subordinadas, é o restaurar, em harmonia com a ilustração do século, as instituições municipais, aperfeiçoadas, sim, mas acordes na sua índole, nos seus elementos, com as da Idade Média. Sem elas, o predomínio do despotismo unitário, o do patriciado do capital e da força inteligente, que sob o manto da monarquia mista domina hoje a maior parte da Europa, ou o da democracia exclusiva e odienta, expressão absoluta do sentimento exagerado de liberdade, que ameaça devorar momentaneamente tudo, não são a nossos olhos senão fórmulas diversas de tirania, mais ou menos toleráveis, mais ou menos duradoiras, mas incapazes de conciliar definitivamente as legítimas aspirações da liberdade e dignidade do homem em geral com a superioridade indubitável e indestructível daqueles que, pela riqueza, pela actividade, pela inteligência, pela força, enfim, são os representantes da lei perpétua da desigualdade social" (*História de Portugal*, VI, ed. Lisboa, 1916, p. 90).

Joseph Arthur de Gobineau (1816-1882), diplomata francês, colaborador de Tocqueville, foi ministro plenipotenciário em diversas capitais, entre elas o Rio de Janeiro, onde estabeleceu relações de amizade muito estreitas com o imperador D. Pedro II. O Conde de Gobineau tem uma obra extensa e muito variada, na qual ganham especial relevo os trabalhos de etnologia, baseados em investigações realizadas em diversas regiões, designadamente na Pérsia, onde esteve por longo período. No seu "Essai sur l'Inégalité des Races Humaines" (1853-1855) sustenta-se a tese, naturalmente controvertida, segundo a qual os homens não dispõem todos de igual capacidade para atingirem os mesmos níveis de perfeição.

"Depois de ter reconhecido que há raças fortes e raças fracas... acabei por convencer-me de que tudo o que há de grande, de nobre, de fecundo, na terra, pelo que respeita a criações humanas, a ciência, a arte, a civilização, reconduz o observador a um ponto único, a um mesmo germen, a um só pensamento e a uma só família, cujos diversos ramos se expandiram por todas as regiões policiadas do Universo" (*Essai sur l'Inégalité des Races Humaines*, 2.ª ed., Paris, 1940, tomo I, p. VII).

"O mais curioso é que a opinião igualitária, admitida pela massa dos espíritos, donde resvalou para as nossas instituições e para os nossos costumes, não tem encontrado força bastante para destronar a evidência, pelo que as pessoas mais convencidas da sua verdade todos os dias prestam homenagem ao entendimento contrário. Ninguém se recusa a reconhecer, constantemente, grandes diferenças entre as nações" (*Ibidem*, p. 37).

"A ideia de perfectibilidade ao infinito seduz bastante os modernos... Mas... a perfectibilidade humana não se acha demons-

Textos de Filosofia do Direito

trada pelo estado da nossa civilização. O homem aprendeu algumas coisas, mas esqueceu muitas outras. E não acrescentou um único sentido aos seus sentidos, um único membro aos seus membros, uma única faculdade à sua alma" (*Ibidem*, pp. 159-166).

"Os povos de além-mar que maior influência tiveram nos Indianos (da América, ou Índias Ocidentais) foram os Espanhóis, os Portugueses, os Franceses e os Ingleses. Desde o início do seu estabelecimento que os súbditos dos reis católicos se aproximaram intimamente dos povos da região. Sem dúvida que os pilharam, lhes bateram, às vezes os massacraram. Mas tais acontecimentos mostram-se inseparáveis de todas as conquistas, e mesmo de todos os domínios. Nem por isso os Espanhóis deixaram de prestar homenagem à organização política dos vencidos, que respeitaram, na medida em que esse respeito não contrariava a sua supremacia. Concederam a categoria de fidalgo e o tratamento de dom aos seus príncipes. Usavam fórmulas imperiais quando se dirigiam a Montezuma. E mesmo depois da sua deposição e da execução da sua sentença de morte, os Espanhóis referiam-se a ele dando-lhe o tratamento de majestade. Recebiam os seus parentes de harmonia com a atribuição de uma categoria de grandeza. E procederam do mesmo modo em relação aos Incas. De harmonia com tal princípio, os Espanhóis não tiveram dificuldade em casar com as filhas dos caciques, e, de tolerância em tolerância, chegaram a aceitar as alianças de famílias fidalgas com famílias de mestiços. Poderia julgar-se que tal conduta, que designaríamos por liberal, foi imposta aos Espanhóis pela necessidade de atrair populações demasiado numerosas para não serem respeitadas; mas em regiões onde só encontraram tribos selvagens e de pouca densidade, como na América Central, em Bogotá, na Califórnia, agiram de modo semelhante. Os Portugueses agiram por forma idêntica... misturando-se, sem escrúpulo nem escândalo, aos antigos possuidores das regiões... Relativamente aos Franceses, foi aproximadamente o mesmo... No Canadá, os nossos emigrantes aceitaram, muito frequentemente, as alianças com os aborígenas... e, muitas vezes também, adoptaram, sem dificuldade, o género de vida das famílias das mulheres com quem casaram... Contudo, esses mesmos Franceses, tão acomodatícios no Norte, nunca admitiram, no Sul, qualquer possibilidade de aliança com os negros sem quebra de dignidade...

Quanto aos anglo-saxões, gentes de origem britânica, correspondem à atitude mais afastada tanto do sangue dos aborígenas como do sangue negro... O núcleo anglo-saxão fixado nos Estados-Unidos não tem, pois, nenhuma dificuldade em se impor como o elemento mais robusto do novo continente. Acha-se colocado, em relação às outras populações, a um nível de esmagadora superioridade... Os restos anglo-saxões, na América do Norte, constituem um agrupamento que não duvida, nem por um momento, da sua superioridade inata em relação a toda a parte restante da espécie humana, assim como dos direitos de nascimento que essa superioridade lhe confere" (*Ibidem*, tomo II, pp. 526-530).

"Um povo tem sempre necessidade de um homem que compreenda a sua vontade, a resuma, a explique e o conduza até onde ele deve ir. Se o homem se engana, o povo resiste e levanta-se de novo para seguir aquele que não se engana. É a marca evidente da necessidade de um entendimento constante entre a vontade colectiva e a vontade individual. Para que haja um resultado positivo, é preciso que essas duas vontades se unam. Daí que a monarquia seja a única forma racional de governo" (*Ibidem*, pp. 543-544).

Rudolf Von Ihering — *Continuação dos Textos do I Volume, pp. 230-232.*

"O rei chama-se rex, o que rege, não porque governe no sentido jurídico, mas porque comanda no sentido militar... Em épocas remotas, as funções políticas do rei eram bem menos importantes do que as funções militares... O princípio de subordinação (da essência da realeza) deverá ter surgido por primeira vez onde a necessidade inelutável dessa subordinação se impunha aos olhos de todos, ou seja, a nível militar. O primeiro rei foi um capitão eleito para o comando em chefe em razão do seu valor militar, ao qual se reconheceu o poder indispensável às suas funções, quer dizer, uma autoridade ilimitada, o *imperium*... O carácter e o poder religiosos do rei apresentam-se apenas como produto e resultado acessório do seu poder militar. Como poderia ele correr os riscos de uma batalha sem previamente se ter assegurado, pelos auspícios, do consentimento dos deuses?... A dignidade real não consiste, pois, na junção de três poderes independentes, o militar, o político e o religioso. O rei não é, ao mesmo tempo, chefe do exército, soberano político e sacerdote. Porque é o chefe do exército, cabe-lhe, ao mesmo tempo, o direito de reunir esse mesmo exército com fins políticos e oferecer sacrifícios em seu nome. O *imperium*... não é senão o comando militar supremo" (*L'Esprit du Droit Romain*, trad. franc., Paris, 1886, pp. 253-255).

Numa Denis Fustel de Coulanges *(1830-1889), historiador francês, professor da Universidade de Estrasburgo, autor de "La Cité Antique" (1864) e de "Histoire des Institutions Politiques de l'Ancienne France" (1875-1892).*

"O facto dominante desta triste época... era a falta de segurança. Defender o seu bem, a sua liberdade, a sua vida, constituía a grande preocupação, a grande dificuldade, a suprema ambição, do ser humano. E, para isso, não havia que contar nem com os reis, nem com os seus funcionários, nem com os tribunais. A administração e a justiça não tinham força. Aconteceu então o que sempre tinha acontecido e voltará sempre a verificar-se em situações semelhantes. O fraco, que não se sentia protegido pelos poderes públicos, pediu ao forte protecção e colocou-se na sua dependência... Tal é a lei inevitável. As desigualdades sociais estão sempre na proporção inversa da força da autoridade pública. Entre o pequeno e o grande, entre o pobre e o rico, é sempre a autoridade pública que assegura o equilíbrio. Quando ela falta, torna-se de absoluta necessidade que o fraco obedeça ao forte e que o pobre se submeta ao rico... O que garantia a segurança da protecção era a sua compra. Essa protecção teria sido apenas uma palavra vã, como as das leis e da autoridade pública, se o protegido não a pagasse, por um preço real, palpável. Ele prometia ao protector os seus rendimentos, os seus serviços, a sua obediência. Fazia mais ainda. Dava a sua terra e entregava a sua própria pessoa. De proprietário e de homem livre ele transformava-se em beneficiário e vassalo. E quanto maior era o seu sacrifício melhor a protecção lhe era assegurada. O protector era para o protegido um defensor interessado. Como não havia ele de defender com a maior energia uma terra que se tornara sua pro-

Textos de Filosofia do Direito

priedade e aquele homem que passara a ser o seu homem? Este, entregando-se, encontrara o meio mais seguro de ser protegido. Nem se julgue que este patronato... tenha sido imposto pela força às populações. Foram elas, a maior parte das vezes, que o procuraram. A leitura dos documentos e a análise dos factos levam a crer que o fraco procurou o apoio do forte mais frequentemente do que o forte, por sua iniciativa, pôs o jugo sobre o fraco... Cada homem teve possibilidade de escolher entre a independência e a vassalagem. As crónicas não oferecem um único exemplo de uma província onde os homens tenham sido reduzidos pela força à condição de vassalos... O mais ardente desejo dos homens não foi o de serem livres, mas o de viverem em segurança" (*Histoire des Institutions Politiques de l'Ancienne France, Les Transformations de la Royauté*, Paris, 1892, pp. 583-586).

Friedrich Nietzsche *(1844-1900), pensador prussiano, de uma família de pastores luteranos e de intelectuais, doutor em filologia clássica pela Universidade de Leipzig, professor na Universidade de Basileia, não obstante as graves perturbações de saúde que sempre o afligiram, deixou uma vasta obra, à qual correspondem 23 volumes, na edição de Munique de 1920 a 1929, que é a mais completa. Entre os ensaios de Nietzsche tiveram particular difusão, achando-se traduzidos em diversas línguas, designadamente em português, "Assim falava Zaratustra"* (Also sprach Zarathustra — *1883-1885), "A Gaia Ciência"* (Die fröliche Wissenschaft — *1882-1887), "Para além do Bem e do Mal"* (Jenseits von Gut und Böse — *1886) e "Genealogia da Moral"* (Zur Genealogie der Moral — *1887). Dadas a dispersão da obra e as dificuldades de interpretação do pensamento do autor, ainda parecerá conveniente citar "A Origem da Tragédia"* (Die Geburt der Tragödie — *1872), "Considerações Inoportunas"* (Unzeitgemässe Betrachtungen — *1873-1876), "Humano, Demasiado Humano"* (Menschliches, Allzumenschliches — *1878). As imprecações contra o Cristianismo, a declaração da morte de Deus, a glorificação do "super-homem", produto da evolução, as críticas tanto da moral burguesa como das pretensões socializantes, são factores que terão contribuído para que muitos, de diversos quadrantes, tenham procurado inspirar-se em Nietzsche, defensor de um aristocratismo que não assenta na nostalgia do passado.*

"Poderá acontecer que alguns representantes nobres (embora não muito inteligentes) das classes dirigentes assumam o compromisso de tratar todos os homens como iguais e de reconhecer-lhes direitos iguais. Nesse sentido, uma concepção socialista, assentando na justiça, é possível, mas, conforme referi, apenas no seio da classe dirigente, que, em tal caso, prosseguirá a justiça através de sacrifícios e de abdicações. Pelo contrário, reclamar a igualdade de direitos, como o fazem os socialistas da casta submetida, nunca será uma emanação de justiça, mas sim de cobiça... Todo o passado da antiga civilização se baseia na violência... mas não podemos nós próprios, herdeiros... desse passado, aboli-lo por decreto, e nem temos o direito de suprimir qualquer parte dele. O espírito de injustiça acha-se igualmente nas almas dos não possuidores, não melhores do que os possuidores" (*Menschliches, Allzumenschliches*, n.ᵒˢ 451-452).

"Os juristas discutem quanto a saber se deve ser o direito mais apurado pela reflexão ou antes o de mais fácil compreensão que domine a vida de um povo. O primeiro, cujo modelo mais notável é o direito romano, parece incompreensível para o profano e não constituirá a expressão do seu sentimento de direito. Os direitos populares, por exemplo os direitos germânicos, eram grosseiramente supersticiosos, ilógicos, em parte absurdos, mas correspondiam aos costumes e a sentimentos nacionais hereditários bem determinados. Mas onde o direito, como entre nós, deixou de ser uma tradição, ele só poderá ser um imperativo, uma coacção. Deixámos de ter, tal como somos, o sentimento do direito tradicional e, por consequência, temos de contentar-nos com direitos arbitrários, expressões da necessidade de que haja qualquer direito" (*Ibidem*, n.° 459).

"O socialismo é o irmão mais novo e caprichoso do despotismo agonizante, do qual pretende colher a herança. Os seus esforços são, por isso, no sentido mais profundo, reaccionários. Porque ele aspira a uma plenitude do poder do Estado que o despotismo nunca teve, e ultrapassa mesmo tudo quanto se conhece do passado, porque visa a destruição formal do indivíduo, que se lhe apresenta como um luxo injustificado da natureza, destinado a transformar-se num órgão útil da comunidade... Ele (o socialismo) prepara-se silenciosamente para o domínio pelo terror e crava nas massas semicultivadas, como um prego na cabeça, a palavra "Justiça", a fim de lhes retirar toda a inteligência (já bastante afectada pela semi-cultura) e de lhes proporcionar, para o jogo vil que lhes está destinado, uma boa consciência. O socialismo poderá servir para apontar, de modo brutal e enérgico, o perigo de todas as acumulações de poder no Estado, e, por essa via, suscitar a desconfiança em relação ao mesmo Estado. Quando a sua rude voz se empenhar no grito de guerra "O mais possível de Estado", esse grito tornar-se-á mais forte que nunca. Mas rapidamente, e com não menos força, se fará ouvir o grito oposto: "O menos de Estado possível" (*Ibidem*, n.° 473).

"O direito, baseando-se em tratados entre iguais, mantem-se enquanto o poder daqueles que se entenderam se conserva igual ou comparável. A prudência criou o direito para pôr fim às hostilidades e aos inúteis desgastes entre forças iguais... As condições do direito são, pois, meios provisórios que aconselha a prudência, não são fins em si mesmas" (*Ibidem*, 2.ª Parte, n.° 26).

"Os direitos derivam, em primeiro lugar, de um costume, e este de uma convenção antiga... Continua a viver-se como se essa convenção tivesse sido renovada" (*Ibidem*, n.° 39).

"O Estado é o mais frio dos monstros frios. Ele mente friamente e eis a mentira que brota da sua boca:"Eu, Estado, sou o povo"... O Estado está onde o lento suicídio de todos se chama vida... Os Estados estão sempre doentes, expelem bilis e chamam a isso jornais... Adquirem riquezas e cada vez se tornam mais pobres... Onde acaba o Estado aí somente começa o homem que não é supérfluo" (*Also sprach Zarathustra*, I)

"O Estado primitivo entrou em cena em termos de duríssima tirania, de máquina opressora e impiedosa... É fácil de compreender o que entendo por Estado — uma horda qualquer... uma raça de conquistadores e de senhores que, na base da sua organização guerreira... lançou, sem escrúpulos, as suas poderosas garras sobre uma população talvez muito superior em número mas ainda informe e errante. Tal é a origem do Estado à face da terra: penso que assim se faz justiça ao sonho que situava essa origem num "contrato" (*Zur Genealogie der Moral*, n.° 17).

"Desde que há homens, há também rebanhos de homens (famílias, comunidades, tribos, povos, Estados, Igrejas) e sempre um grande número de homens obedecendo a uma minoria de senhores" (*Jenseits von Gut und Böse*, n.° 199).

"A moral é na Europa de hoje uma moral de rebanho... Cada vez são mais furiosos os urros, o ranger de dentes, dos anarquistas, que rondam actualmente pelas sendas da cultura europeia. Opostos, em aparência, aos democratas pacíficos e laboriosos, assim como

Textos de Filosofia do Direito

aos ideólogos revolucionários, e, mais ainda, aos filósofos canhestros e aos entusiastas da fraternidade que se intitulam socialistas e querem a "sociedade livre", na realidade todos eles se acham unidos numa hostilidade básica e instintiva a todas as formas de sociedade que não sejam a do rebanho" (*Ibidem*, n.º 202).

"Desde a Revolução Francesa que a influência da mulher diminuiu na Europa, na medida em que os seus direitos e as suas pretensões se estenderam. E a "emancipação da mulher" ... apresenta-se como um bem marcado sintoma de enfraquecimento crescente dos instintos mais femininos" (*Ibidem*, n.º 239).

James George Frazer *(1854-1941), professor de Antropologia da Universidade de Liverpool, autor, entre outras obras, de "A Study in Magic and Religion" (1907-1915), em 12 volumes, da qual há uma edição inglesa abreviada, de 1922, e que se acha parcialmente traduzida em francês.*

"A influência dos feiticeiros públicos, desde que se reflectiu na constituição da sociedade primitiva, orientou-se no sentido de entregar a direcção da mesma sociedade a um homem único, ao mais hábil da tribo. Aquela influência fez passar o governo de um grande número para as mãos de um só, substituindo a monarquia à democracia, ou antes à gerontocracia, porquanto, em regra, a comunidade primitiva era dirigida não por todo o corpo de homens adultos mas por um conselho de anciães... A aparição da monarquia parece ter sido uma condição necessária para o progresso da humanidade... A velha ideia de que o homem primitivo é o ser mais livre não corresponde à verdade... As próprias fantasias e os caprichos de um tirano podem servir para quebrar a cadeia que o selvagem vai arrastando por longos períodos... Desde que a tribo passa a obedecer à direcção de um só, vigoroso e resoluto, ela torna--se temida das tribos vizinhas e entra nas vias do engrandecimento, que, nos primeiros estágios da história, é muitas vezes favorável ao progresso social, industrial e intelectual. Porquanto, estendendo o seu domínio, seja pelas armas seja pela submissão voluntária de tribos mais fracas, a comunidade adquire riquezas e escravos. E, por tal via, certas classes, libertas das preocupações de subsistência, podem dedicar-se à investigação desinteressada no campo da ciência, que constitui o instrumento mais nobre e mais poderoso para melhorar a sorte comum... Não será por acaso que

Textos de Filosofia do Direito

sempre os mais belos períodos de brilho das actividades intelectuais se seguiram de perto às grandes victórias, e que as grandes raças conquistadoras do mundo teem sido geralmente as que mais fizeram pelo desenvolvimento e pela expansão da civilização... Também não é por puro acidente que os grandes passos no progresso da civilização foram dados sob governos despóticos e teocráticos, como os da China, do Egipto, de Babilónia, do México, do Perú, países onde o chefe supremo exigia e obtinha uma obediência servil dos seus súbditos, em razão da sua dupla condição de rei e de deus. Não haverá grande exagero em dizer que, nessas épocas, o despotismo foi o grande amigo da humanidade e, por paradoxal que pareça, da liberdade" (*Les Origines Magiques de la Royauté*, Paris, 1920, pp. 87-90).

Sigmund Freud *(1856-1939), judeu austríaco, médico, professor e investigador no domínio da neurologia, apontado como fundador da* psicanálise *e, com esta, de métodos inovadores na terapêutica de doenças psíquicas, em desenvolvimento dos antigos processos catárticos. Freud tem exercido marcada influência no pensamento contemporâneo, e, designadamente, na criminologia, na legislação penal e nas modernas experiências educativas. As referências ao seu "complexo de Édipo" popularizaram-se, e talvez nem sempre em termos adequados. Haverá admissível exagero na afirmação de Hayek segundo o qual Freud se tornou "o maior demolidor da cultura". Mas os ensinamentos do professor de Viena, ou as interpretações a que deram lugar, contribuíram, sem dúvida, para facilitar, pela invocação de verdades científicas cuja validade, aliás, é posta em causa, as tentativas de remoção dos conceitos de* bem *e de* mal, *tidos por intrinsecamente perversos, ou, ao menos, anacrónicos. Entre as numerosas obras de Freud inclui-se um ensaio sobre a psicologia das multidões — "Massenpsychologie und Ich-Analyse" (1921).*

"A massa é impulsiva, versátil e irritável, deixando-se conduzir quase exclusivamente pelo inconsciente. Os impulsos aos quais obedece poderão ser, consoante as circunstâncias, nobres ou cruéis, heroicos ou pusilânimes, mas sempre tão imperiosos que a personalidade e até o instinto de conservação se desvanecem perante eles. Nada nela é premeditado. Mesmo quando deseja alguma coisa intensamente, nunca a deseja por muito tempo... Não admite qualquer desfasamento no tempo entre o desejo e a realização. Alberga em si uma convicção de omnipotência. A ideia de impossibilidade não é conhecida para o indivíduo que

Textos de Filosofia do Direito

se integra numa massa. A massa é influenciável em extremo, e crédula. Não possui sentido crítico e o inverosímil não existe para ela. Forma imagens que se sucedem umas às outras, associativamente, como naqueles casos em que um indivíduo dá livre curso à imaginação, sem que qualquer elemento racional seja chamado a julgar até que ponto as fantasias se ajustam às realidades. Os sentimentos da massa são sempre simples e exaltados, pelo que não conhece nem dúvidas nem incertezas. As massas chegam rapidamente aos extremos. A simples suspeita transforma-se, *ipso facto*, em evidência indiscutível. Um sentimento de antipatia torna-se, em segundos, num ódio implacável. Inclinada naturalmente a todos os excessos, a massa não reage senão a estímulos muito intensos. Para exercer influência nela será inútil a argumentação lógica... A massa é tão autoritária como intolerante... respeita a força e atribui a bondade a debilidade... O que a massa reclama dos seus heróis é a força e mesmo a violência... Na reunião dos indivíduos integrados numa massa desaparecem todas as inibições individuais, enquanto que os instintos cruéis, brutais e destruidores... despertam e procuram livre curso... As massas nunca conheceram o amor da verdade, dão sempre preferência ao irreal sobre o real... o que constitui fenómeno característico da psicologia das neuroses... Um sintoma histérico funda-se numa fantasia, e não na reprodução de qualquer coisa realmente vivida... A massa é um dócil rebanho... tem tal desejo de obedecer que se submete instintivamente a quem se erige como seu chefe" (*Ob. cit.*, n. 2).

"A massa tem que manter a sua coesão por força de algum poder. E a que poder deverá atribuir-se essa função senão a Eros, o qual mantem a coesão de tudo o que existe?... Quando o indivíduo integrado na massa renuncia ao que é pessoal e se deixa sugestionar pelos outros, ficamos com a impressão de que o faz por sentir a necessidade de estar de acordo com eles, e não em oposição a eles, ou seja, por amor aos outros" (*Ibidem*, n. 4).

"A Igreja e o Exército são massas artificiais... Na Igreja — e será muito vantajoso tomar como exemplo a Igreja católica — e no Exército reina, sejam quais forem as diferenças noutros aspectos, uma mesma ilusão: a ilusão da presença visível ou invisível de um chefe (Cristo na Igreja católica, o general em chefe no Exército), que ama com igual amor todos os membros da comunidade... Sempre um elemento libidinoso, erótico, amoroso, como factor de coesão" (*Ibidem*, n. 5) ([1]).

([1]) As expressões "libidinoso" e "erótico" oferecem, em Freud, um sentido mais extensivo do que o mais geralmente atribuído. Quanto a qualificar a Igreja e o Exército como massas, parece contraditório com o reconhecimento em ambos de uma estrutura, de uma hierarquia e de uma disciplina, assim como de fins próprios, rigorosamente definidos. Sem dúvida que na Igreja ou, mais frequentemente, no Exército, se poderão desenhar movimentos de massa, mas isso é, obviamente, coisa diversa.

Henri Capitant *(1865-1937), jurisconsulto francês, professor da Faculdade de Direito de Paris.*

"O direito não é uma criação arbitrária do legislador, é o produto do meio social. Adapta-se às condições económicas, sociais, morais, de cada sociedade. Foi esta ideia de evolução que a escola histórica pôs em relevo. O direito acha-se em permanente transformação, prende-se ao direito passado e prepara o direito futuro, através de um lento e incessante trabalho de adaptação. Mas daí não se poderá concluir que a sua criação seja puramente automática e alheia à vontade do homem. É aí que está o exagero. Há nele uma parte de iniciativa reservada ao legislador. Por certo que este age sob a influência de causas exteriores, independentes da sua vontade. Não depende dele transformar o direito, romper bruscamente com a tradição, sob pena de realizar uma obra efémera. Mas, quando ele verificou as necessidades que reclamam satisfação e que impõem modificações do direito existente, resta-lhe alguma parcela de liberdade. Porquanto, para atingir o fim prosseguido, diversos caminhos se lhe deparam. Para realizar uma reforma, apresentam-se-lhe diversos sistemas, entre os quais ele deverá escolher. O legislador não será, pois, uma máquina inconsciente que se limite a descobrir o direito" (*Introduction à l'Etude du Droit Civil*, 3.ª ed. , Paris, 1912, pp. 6-7).

Fernando Pessoa *(1888-1935). Embora seja conhecido, sobretudo, pela sua obra poética, na qual sobressai "A Mensagem" (1934), Fernando Pessoa é também o autor de diversos ensaios filosóficos e políticos. Entre eles, "Como organizar Portugal" (1919), "A opinião pública" (1919), "O Interregno-Defeza e justificação da Ditadura Militar em Portugal" (1928), "As associações secretas" (1935), opúsculo depois epigrafado "A Maçonaria vista por Fernando Pessoa" e "Defesa da Maçonaria". Nesses ensaios de Fernando Pessoa, as máculas de auto-didactismo não apagam o talento do autor.*

"Os homens do nosso tempo, destituídos por completo do senso das realidades, extraviados por hipotéticos "direitos", "justiças" e "liberdades", da noção cientifica das coisas, não logram, nem mesmo em teoria, visionar a construção da prática. Um século, ou mais, de "princípios de 89", um século, ou mais, de "liberdade, igualdade, fraternidade" tornou o geral dos europeus, salvo os alemães, obtuso para aquelas noções concretas com as quais se constrói o futuro... Desde a Revolução Francesa, o espírito humano, no que político, retrogradou... As ideias de liberdade, de igualdade e de fraternidade, como as têem entendido desde Babeuf aos bolchevistas, não são mais que restos laicos da ideologia cristã, drogas de reclame para uso das plebes por educar... De forte e seguro, em matéria sociológica ou política, pouco temos — nós, humanidade em geral — a não ser a "Política" de Aristóteles, fruto de toda a experiência política da Grécia antiga, e "O Príncipe" de Machiavelli, fruto de toda a experiência política da Renascença... O constitucionalismo... foi um simples fenómeno de desnacionalização... não fez senão trazer-nos um regime político intei-

Textos de Filosofia do Direito

ramente estranho a toda a nossa vida nacional... Destruíu e espoliou inútil e estupidamente, tendo em mira apenas a nossa impossível adaptação a um regime que nenhum sentimento português queria, e que a toda a inteligência verdadeiramente portuguesa repugnava... O que se diz do constitucionalismo pode dizer-se, sem perigo de errar, da implantação da República. Nenhuma reacção do espírito progressivo a instaurou; foi um fenómeno, ainda mais adiantado, da nossa decadência, da nossa desnacionalização" (*Como organizar Portugal* cit., artigo também inserido em "Páginas de Pensamento Político", I, Mem Martins, 1986, pp. 210-219).

"A Democracia, como modernamente se compreende, é essencialmente inimiga da opinião pública, e, portanto, anti-social, anti-popular e anti-patriótica... O sufrágio... não exprime a opinião pública, não exprime a opinião da maioria real do país, nem do povo... O sufrágio representa apenas, quando muito, a maioria política organizada, que, perante a maioria real da sociedade, é uma minoria, e, em geral uma pequena maioria. E nem isto, mesmo, representa. Os resultados de uma eleição demonstram apenas a organização dos partidos políticos, vencendo, em geral, aquele partido cuja organização puramente partidária seja superior; e, como essa superioridade de organização deriva da superioridade dos organizadores partidários, resulta que os resultados de uma eleição provam apenas o poder ditatorial que adquiriram os poucos indivíduos que são dirigentes do partido vencedor... Não há revoluções nacionais; os únicos movimentos revolucionários que podem ser na verdade nacionais são as contra-revoluções... Com verdade se pode dizer que não há revolta nacional que não seja contra o estrangeiro — quer ele seja o estrangeiro de fora, quer ele seja o estrangeiro de dentro... Ser revolucionário é servir o inimigo. Ser liberal é odiar a pátria. A Democracia moderna é uma orgia de traidores" (*A opinião pública* cit., artigo também inserido em "Páginas de Pensamento Político", I, Mem Martins, 1986, pp. 220-237).

"O constitucionalismo inglês, ou outra teoria social qualquer, é, portanto, inaplicável à generalidade dos povos, convindo só, porventura, ao povo onde apareceu... Os fundos partidários são secretos, secretos os nomes dos indivíduos que frequentemente entram com grandes somas para os cofres dos partidos. Isto complica o assunto e a Guarda Pretoriana. Quem entra com grandes somas para

Fernando Pessoa

um cofre partidário raras vezes o fará por teorismo. Fá-lo, em geral, com outro fito. E, visto que deu, fará por que se faça aquilo para que deu. O partido, ou a sua Guarda Pretoriana, fará, visto que recebeu, por merecer o que recebeu. Assim, nesta noite moral, se podem subtilmente esboçar e subtilmente se infiltrar na substância da vida política orientações inteiramente anti-nacionais; pois... não sabendo ninguém quem são os magnos financiadores dos partidos, ninguém tem a certeza que não estejam ligados a elementos estrangeiros, cuja política secretamente imponham. Nem se alegue que este estado de coisas nada tem com o constitucionalismo, propriamente dito. O constitucionalismo envolve e motiva a existência de partidos; estes partidos fazem uns aos outros uma guerra política; e a guerra política, como toda a guerra, assenta em duas bases — dinheiro e segredo... Os partidos... como têem um ideal político distinto do ideal nacional (sem o que não seriam partidos), ora sobrepõem aquele a este, ou o infiltram neste, assim o pervertendo. Os partidos, ainda, como têem que ter a aparência de se basear na opinião pública, buscam "orientá-la" no sentido que desejam, e assim a pervertem; e, para sua própria segurança, buscam servir-se dela, em vez de a servir a ela, e assim a sofismam... Longe de, como se disse, a "democracia sem luzes" ser um "flagelo", é a democracia com luzes que o é. Quanto maior é o grau de cultura geral de uma sociedade, menos ela se sabe orientar, pois a cultura necessariamente se quer servir da inteligência para fundar opiniões, e não há opinião que se funde na inteligência. Assenta, ou funda-se, no instinto, no hábito, na intuição, e a intromissão abusiva da inteligência, não alterando isso, apenas o perturba. A democracia moderna é a sistematização da anarquia... Veio a República e, com ela, o estrangeiramente completo. Tornou a haver o movimento contrário; estamos hoje sem vida provincial definida, com a religião convertida em superstição e em moda, com a família em plena dissolução. Se dermos mais um passo neste jogo de acções e reacções, estaremos no comunismo e em comer raizes — aliás o terminus natural desse sistema humanitário... Toda a situação governante em Portugal, depois da queda da monarquia absoluta, é substancialmente uma fraude. A fraude, pune-a a lei; porém, quando a fraude se apodera da lei, tem que puni-la a simples força, que é o fundamento da lei, porque é o fundamento do seu cum-

Textos de Filosofia do Direito

primento. Nisto se funda o instinto que promove as nossas constantes revoluções" (*O Interregno-Defeza e Justificação da Ditadura Militar em Portugal* cit., obra também inserida em "Páginas de Pensamento Político", II, Mem Martins, 1986, pp. 41-59).